W0320593

Cesare Beccaria, geboren am 15. März 1738 in Mailand, ist am 28. November 1794 in Mailand gestorben.

Im Sommer des Jahres 1764 erschien in Livorno im Großherzogtum Toscana ohne Namen des Verfassers ein schmales Buch von eben hundert Seiten über Verbrechen und Strafen: *dei delitti e delle pene*. Das Titelblatt gab einen Satz Bacons wieder, der besagen sollte, daß der Zweck, dem dieses Buch diente, nicht sofort und mit einem Male zu erreichen sei, doch an die Beständigkeit und Festigkeit seiner Propagierung der Erfolg sich knüpfen werde.

Cesare Beccaria bestritt in dieser Abhandlung den Sinn der Todesstrafe und verfocht soziale Bedingungen, die Verbrechen einschränken müßten. Es war dies der erste wahrhaft unabhängige und von Rücksichten freie literarische Ausdruck der Aufklärung in Italien. Die vorliegende Neuübersetzung folgt der letzten Ausgabe Beccarias von 1766 und bringt im Anhang Texte aus der zeitgenössischen Diskussion.

insel taschenbuch 1068

Cesare Beccaria

Über Verbrechen und Strafen

Cesare Beccaria

Über Verbrechen und Strafen

Nach der Ausgabe von 1766
übersetzt und herausgegeben
von Wilhelm Alff

Insel Verlag

Umschlagabbildung: Gustave Doré,
Exercise yard of Newgate.

insel taschenbuch 1068
Erste Auflage 1988
© Insel Verlag Frankfurt am Main 1966
Alle Rechte vorbehalten
Vertrieb durch den Suhrkamp Taschenbuch Verlag
Umschlag nach Entwürfen von Willy Fleckhaus
Satz: MZ-Verlagsdruckerei, Memmingen
Druck: Nomos Verlagsgesellschaft, Baden-Baden
Printed in Germany

1 2 3 4 5 6 – 93 92 91 90 89 88

WILHELM ALFF
ZUR EINFÜHRUNG IN BECCARIAS LEBEN UND DENKEN

Im Sommer des Jahres 1764, zwei Jahre nach Rousseaus *Émile ou de l'éducation*, sechs Jahre nach des Helvétius *De l'esprit* und sechzehn Jahre nach dem Hauptwerk Montesquieus *De l'esprit des lois*, erschien in Livorno im Großherzogtum Toscana ohne den Namen des Verfassers ein schmales Buch von eben hundert Seiten über Verbrechen und Strafen: *dei delitti e delle pene*. Das Titelblatt gab einen Satz Bacons wieder, der besagen sollte, daß der Zweck, dem dieses Buch diente, nicht sofort und mit einem Male zu erreichen sei, doch an die Beständigkeit und Festigkeit seiner Propagierung der Erfolg sich knüpfen werde.

Es war dies der erste wahrhaft unabhängige und von Rücksichten freie literarische Ausdruck der Aufklärung in Italien, das erstmals in der Geschichte mit dem Königreich von 1861 ein Staat werden sollte. Der dem Adel angehörende Verfasser, gerade fünfundzwanzigjährig, war in Mailand zu Hause, damals der Hauptstadt der österreichischen Lombardei. Cesare Beccaria hatte seine Studien im Jesuitenkolleg von Parma und an der Universität Pavia, ohne dabei besonders aufzufallen, durchlaufen und mit der juristischen Promotion beendet. Wie alle jungen Leute der besitzenden Adelsklasse seiner Vaterstadt war er von jedem Anteil an der Verwaltung des väterlichen Vermögens ausgeschlossen. Aber er hat einen Augenblick heftiger Rebellion gekannt. Denn seine Liebe galt einem keinesfalls standesgemäßen Mädchen, der lebenslustigen Tochter eines im habsburgischen Dienste stehenden Ingenieur-Offiziers, dessen Familie aus der spanischen Zeit des Herzogtums in Mailand zurückgeblieben war. Cesares Vater, durchaus pater familias, erwirkte einen Haftbefehl gegen den zweiundzwanzigjährigen Sohn, und dieser durfte drei Monate das väterliche Haus in der Via Brera nicht verlassen. Er setzte jedoch seinen Willen durch, und zwei Tage nach dem Ende der Haft heiratete er Teresa Blasco. Doch wies der Vater ihn aus seinem Hause. »Ich flehe Sie somit an, zur Kenntnis zu nehmen, daß einzig der Tod meinen Entschluß wird zunichte machen können und überdies sein Anblick mich nicht erschrecken würde. Ich schwöre vor Gott, daß ich niemals verzichten, niemals aus meinem Herzen das Wort, das ich gegeben habe, reißen werde.« In derart leidenschaftlichen Worten hatte der Sohn sich wenige Tage vor der Freilassung an den Vater gewandt. Der Konflikt muß für ihn von zerreißender Heftigkeit gewesen sein. Nichts hat er in den darauf folgenden fünfzehn Monaten, denn länger dauerte die Trennung von der Familie nicht, unversucht gelassen, um sich mit seinem Vater auszusöhnen. Im Juni 1761 wandte er sich an den Fürsten Kaunitz in Wien, den Staatskanzler der Kaiserin Maria Theresia, der ein großer Verehrer Voltaires und der Enzyklopädisten war, und teilte ihm mit, daß er alles versucht habe, die Heirat mit Teresa Blasco friedlich bei seinem Vater durchzusetzen, daß jedoch die wiederholten dringenden Bitten von Verwandten und Freunden nichts ausgerichtet hätten. Er beklagte die Enge und den schmalen Lebensunterhalt, zu dem er verurteilt war, und bat den Fürsten um Abhilfe. Auch den Grafen Karl Joseph Firmian befaßte Beccaria mit seinen Nöten. Dieser, ein Kenner und Sammler von Büchern, dessen Bibliothek vierzigtausend Bände zählte, war seit

1756 Bevollmächtigter Minister für die Regierung der österreichischen Lombardei, des seit den Verträgen von Utrecht 1713 und von Rastatt und Baden 1714 zwischen der Republik Venedig, dem Herzogtum Savoyen und der Eidgenossenschaft eingeschlossenen schmalen Rests des ehemaligen Herzogtums. In seinem Brief vom 19. Mai 1762 an Firmian kündigte Beccaria, »eingeschlossen von Elend und Verzweiflung«, an, daß er nun den einzig ihm noch möglichen Entschluß gefaßt habe, zusammen mit seiner Frau sich »zu Füßen« seines Vaters einzufinden und zu erproben, »ob der Anblick meines Elends und meine Tränen die Natur zum Sprechen bewegen können. Heute noch gehe ich als ein demütiger Bettler zu meinem Vater, um von seiner Liebe einen Platz für mich und meine Frau an jenem Tische zu erflehen, wo jeden Tag Fremden Gastfreundschaft gewährt wird; ich gehe, um eine Zuflucht in jenen Zimmern zu finden, die einst für mich bestimmt waren und nun leer sind. Ich bin entschlossen, was es auch sei zu leiden, um mich meinem Vater mit der größten Unterordnung anheimzugeben, doch ebenso entschlossen bin ich, mich nicht von meiner Familie zu entfernen, nicht unterzugehen noch ferner den Schmerz zu erleiden, mich wie bisher aus dem Anblick der Eltern verbannt zu sehen, die inmitten all des Bösen, das sie mich haben erleiden lassen, mir doch teuer sind.« Noch am gleichen Tage konnte Beccaria dem Minister mitteilen, daß er Erfolg hatte; zusammen mit der geliebten, von den Eltern mißachteten Frau lebte er fortan im Vaterhaus, dem gleichen, in dem er geboren wurde und sterben sollte.

Im Jahre darauf begann er mit der Abfassung des Buches, das ihn bis heute berühmt gemacht hat, eines wahrhaft umwälzenden Buches, obgleich es nicht auf das abzielte, was man eine Revolution nennt, wohl indessen auf die Veränderung der bestehenden Verhältnisse. Er erhob mit diesem Buch eine Stimmung des Protestes, die von der öffentlichen Meinung Europas gehört wurde; und er brachte damit ein ohnehin im Dunkel liegendes, darüber hinaus aus dem Bewußtsein meist verdrängtes Lebensgebiet der Menschen ins allgemeine Gespräch. Der Beifall erwies, daß der Zeitpunkt richtig ermessen war. Beccaria gehörte nicht zu den Vorläufern, sondern zu denen, die an der Zeit sind. Vor Beccaria konnte niemand die Synthese der bis dahin in hundert Äußerungen verstreuten Reflexionen über das Verbrechen und die ihm zuzuordnende Strafe wagen; und mit Beccarias Buch tauchte dieser Gegenstand endgültig, für immer aus dem Meer der vagen Vermutung, der traditionellen Routine samt allen damit verknüpften subjektiven Interessen auf, erlangte Klarheit, bestimmte seine Grenzen und blieb fortan ein Gegenstand des Gedankens. Zum Vergleich mit Beccarias Denkschritt wäre beispielsweise Bayles Trennung historischer Ereignisse von physikalischen Erscheinungen zu nennen, für die er die Beweise in seinem Buch über den Kometen, der im Dezember 1680 erschienen war, erbracht hat. Es war dies die endgültige, doch zu jenem Zeitpunkt infolge der inzwischen zusammengekommenen und nun miteinander vergleichbaren historischen Daten auch erstmals mögliche bündige Widerlegung des astrologischen Wahns. Ebenso war die Trennung der Religion, des Glaubens von der Moral – vielfach vorher den freien Geistern, die von kirchlicher, streng genommen der Kirche unwürdiger Apologetik nicht sich hatten blenden lassen, bekannt, doch nicht allgemein vernehmbar ausgesprochen, – das Werk Bayles, für das er die Beweise in seinem großen historisch-kritischen Wörterbuch ausbreitete. Die Erkenntnis des Zusammenhangs zwischen Krankheit und sozialem Zustand wird dem Arzt Johann Peter Frank, seit 1785 Professor in Pavia, verdankt; seine im Jahre 1790 in lateinischer Sprache in Pavia gehaltene ›Akademische Rede vom Volkselend als der Mutter der Krankheiten‹ gab die Begründung der öffentlichen Gesundheitspflege. Philippe Pinel wäre zu nennen, der in den Jahren der Französischen Revolution als Arzt an der Salpêtrière »den Irren die Ketten abnahm« und erstmals eine Therapie für sie ausarbeitete. In gleicher Weise steht Beccarias Name für die seitdem nicht abreißenden Bemühungen um die Humanisierung des Verbrechens und der Strafe.

Einem bloß gehorsamen Sohn wäre das Buch über Verbrechen und Strafen gewiß nicht zuzutrauen gewesen. Aber die Leidenschaft für Teresa war einhergegangen mit seiner Hinwendung zur Philosophie; und für diese standen die Namen Bacon, Montesquieu, Hume, Helvétius und Rousseau. Die Tugend, wie Rousseau sie verstand, bewegte ihn in diesem glücklichen Augenblick seines Lebens. »O könnte ich eine Spur meines Wohltuns hinterlassen!« sagte er zu dem Freund Pietro Verri. Er stieg auf »aus dem schlafenden Meere der Unwissenheit«, darin er »mit den anderen vegetiert« hatte. Sehr bald lenkte die Leidenschaft für Teresa sein Gemüt in ruhigere Bahnen; die für die Werke der Philosophen hielt länger vor. »Was ich meiner schätzenswerten Gefährtin entgegengebracht habe«, schrieb er im Sommer 1763 von seinem Landgut Gessate an den Freund Giambatista Biffi, »hat sich in eine aufrichtige Wertschätzung verwandelt, in eine wahre Freundschaft und in eine unaussprechliche Zartheit. Aber Ihr wißt, mein Freund, daß die befriedigten Leidenschaften ihren Gegenstand jenes Schöne, das die Einbildungskraft erzeugt, jene überaus süße Illusion verlieren lassen, welche die Liebe von den natürlichen Bedürfnissen unterscheidet. Dies ist in Kürze der Ursprung der wahren Traurigkeit, die meine ganze Seele ergriffen hat. Aber ich habe Bücher gekauft, in mir sind neue Ideen und philosophische Ansichten erwacht, von denen ich Dir bald mitteilen werde. Sie haben meinen Geist aufgerührt und jene fatale Ruhe hinweggenommen, die alle Fähigkeiten meines Geistes erstarren ließ.«

Im Jahre 1760 schlugen die Behörden von Mailand dem Kanzler Kaunitz eine neue Akademie der Wissenschaften, der Literatur und der Künste vor; in ihr sollten die jungen Leute »den wahren philosophischen Geist, das heißt jene glückverheißende Fähigkeit, frei über jeden Gegenstand nachzudenken«, erwerben. Die Antragsteller waren tief überzeugt von der geselligen Geistigkeit einer freien Philosophie. Aber die jungen Leute Mailands begnügten sich nicht damit; es waren ihrer kaum zwanzig, die den Kreis bildeten, dem auch Cesare Beccaria angehörte. Pietro Verri, mit dreiunddreißig Jahren der älteste unter ihnen, versammelte sie regelmäßig um sich in einem Winkel des weitläufigen väterlichen Hauses. Man ging miteinander aus, und man diskutierte. Man blieb zu Hause, und man diskutierte. Man las und schrieb und exzerpierte; und man mied die übliche Geselligkeit. Es ging in diesen Diskussionen zu wie im Eisernen Zeitalter, wie Bayle es genannt haben würde, wenn er die Rücksichtslosigkeit rationalen Argumentierens meinte; und so nannte sich diese improvisierte Runde die ›Akademie der Fäuste‹, *Accademia dei Pugni*. Ein Bild ist von ihr erhalten: in einem Raum des Louis-Quinze, der schon die bürgerliche Einfachheit späterer Stile vorwegnimmt, lesen, diskutieren und schreiben sie nach Diktat. Sie alle sind in einer festen Tradition aufgewachsen, die sie in gewiß gesicherten, doch überaus engen Bahnen hielt. Alessandro Manzoni, Beccarias Enkel, sollte später von ihnen sagen, daß Wahrheit für sie alles dasjenige war, was sie in der Schule nicht gelernt hatten. In der *Accademia dei Pugni* tat man, was überall in Europa im Jahrhundert der Aufklärung an der Zeit war: man wandte sich von der Erudition, der gelehrten historischen und philologischen Kenntnis ab und einer Vernunft zu, von der allein noch zu erwarten war, daß sie eine rasch zunehmende Erfahrung verstehen ließ; und dies meinte nichts anderes, als daß sie dem Ganzen der Menschheit zugeordnet wurde. Auch dem zeitlichen Ganzen: So war die von Descartes verleugnete Rücksicht auf die Überlieferung das Selbstverständliche geworden. Von diesem Geiste ist Beccarias Buch; und indem er sich auf Montesquieu berief, machte er sich gerade dessen historischen Zug nicht zu eigen; und er ist der Versuchung, die Schranke, die das Verstehen vom Einverständnis trennt, zu überschreiten, mit keiner Zeile erlegen.

Es wäre irrig, die Versammlung im Hause des Grafen Verri als eine Rebellion junger Leute zu deuten, die auf Neues versessen waren. Gewiß waren sie das; doch die Inhalte, die sie ergriffen, hatten den hohen Ernst notwendiger Prozesse des menschlichen Bewußtseins. Die Aufklärung erreichte Italien und bestätigte die Universalität ihrer Prinzipien auch in diesem von der Gegenreformation unterdrückten Lande, nicht anders als wenig später in Rußland und sogar in Spanien.

Beccaria zumal war seinem Charakter nach scheu und nicht auf die Demonstration seiner Gesinnung erpicht; und nur zu bald sollte er unter Beweis stellen, daß schon das Buch zu viel der Öffentlichkeit für ihn bedeutete. Des Ruhmes, der an seine literarische Tat sich heftete, war er schnell überdrüssig. Allen Ermunterungen und Ermahnungen der Freunde Pietro und Alessandro Verri widersprechend und ihnen sich verschließend, hat er ihn nicht genutzt. Eine merkwürdige Indolenz war ihm eigen, und er hat dies weder sich noch den anderen verschwiegen. Schon die Abfassung des Buches war nur mit der Hilfe der Freunde zustande gekommen, wie es auch des Anstoßes des großherzigen Pietro Verri dazu bedurft hatte. »Das Thema habe ich ihm gegeben«, so schreibt dieser am 1. November 1765 in einem Brief an die Freunde in Mailand, »und der größte Teil der Gedanken ist das Ergebnis der Gespräche, die täglich zwischen Beccaria, Alessandro, Lambertenghi – dieser war später ein Mitglied des gesetzgebenden Rates der Cisalpinischen Republik und seit 1809 Senator des Köngreichs Italien – und mir stattfanden. In unserer Gesellschaft verbrachten wir den Abend im selben Zimmer, und jeder arbeitete. Alessandro hat die Geschichte Italiens – ein von ihm verfaßtes bis heute nicht veröffentlichtes Manuskript – bei der Hand, ich meine ökonomisch-politischen Arbeiten, andere Gesetze, Beccaria langweilte sich und langweilte die anderen. Aus Verzweiflung fragte er mich nach einem Thema, ich empfahl ihm dieses, denn ich wußte, daß es für einen beredsamen Menschen, dem die lebhaftesten Bilder zur Verfügung stehen, sehr geeignet war. Aber er wußte nichts von unserem Strafwesen. Alessandro, der das Amt eines Protektors der Gefangenen innehatte – es war dies ein Ehrenamt für junge Juristen, die zugleich als Anwälte der Armen, der Witwen und Waisen auftraten –, versprach ihm seinen Beistand. Beccaria begann auf lose Stücke Papier Ideen aufzuschreiben, wir folgten ihm dabei mit Begeisterung, brachten ihn so in Glut, daß er eine große Menge Gedanken niederschrieb; nach dem Mittagessen ging man spazieren, nahm Erörterungen, griff Fragen auf, und abends wurde geschrieben; aber für ihn ist das Schreiben so mühsam, es kostet ihn eine solche Anstrengung, daß er nach einer Stunde nachläßt und sich nicht beherrschen kann. Als er das Material zusammengebracht hatte, schrieb ich es auf, es wurde ihm eine Ordnung gegeben und es wurde ein Buch daraus.«

Später, unter den neuen Verhältnissen der Republik, die von den Brüdern Verri noch erlebt wurde, war die Entfremdung von dem einstigen Freunde überwunden. Alessandro bezeugt in einem Brief vom 16. April 1803 an Isidoro Bianchi, daß das Buch über Verbrechen und Strafen wirklich von Beccarias Hand war und sein älterer Bruder zu Lebzeiten dies stets gegen umlaufende Gerüchte behauptet habe. Aber es war aus Diskussionen erwachsen, Pietro hatte als Schreiber mitgeholfen. »Ich erinnere mich, daß er viel nachdachte, bevor er schrieb, mehr als zwei Stunden konnte er der Ermüdung nicht standhalten; waren die vorbei, so legte er die Feder aus der Hand. Spät abends kehrte Graf Pietro nach Hause zurück. Der Marchese las ihm vor, was er geschrieben hatte, und nach seiner Begutachtung nahm er manchmal Veränderungen und Verbesserungen vor. Aber da dem Marchese offensichtlich die Mühe widerstrebte, seine erste Niederschrift, die voller Veränderungen war, ins reine zu schreiben, so erinnere ich mich dessen, daß mein Bruder Wert darauf legte, eigenhändig das Werk ins reine zu schreiben. Er ermunterte Beccaria stets fortzufahren und sagte ihm dafür den Beifall Europas voraus.«

Das Manuskript wurde dem Drucker Giuseppe Aubert in Livorno übersandt, der bereits die *Meditazioni sulla felicità* Pietro Verris herausgebracht hatte. Im Juli 1764 waren die ersten Exemplare in der Hand der Leser. Schon zu Anfang 1765 erschien in Venedig die einzig erwähnenswerte Gegenschrift, das Werk des Ferdinando Facchinei, eines ›grauen Mönches‹ von Vallombrosa, mit dem Titel *Note ed osservazioni sul libro intitolato Dei delitti e delle pene*. Vor allem Venedig hatte unter den italienischen Territorien ein erstarrtes Rechtssystem, das sich der ›geheimen Anklagen‹ bediente. Die herrschende Partei der Republik bezog Beccarias entsprechende Ausführungen auf sich; sie hielt einen Bürger der Gegenpartei für den Verfasser und trug für die Widerlegung Sorge. Schon wenige Wochen nach Erscheinen der Schrift Beccarias fahndete die Behörde von Venedig nach ihr, doch nicht nur dort. Livorno war auch deshalb als Druckort gewählt worden, weil die Zensur im Großherzogtum Toscana milde war. Als Facchinei sein eiferndes Buch veröffentlicht hatte, griffen die Brüder Verri zur Feder; und eine Woche, nachdem das Buch in Mailand vorlag, ging bereits die *Risposta* nach Lugano ab, wo sie gedruckt wurde. Anfang Februar hatte das Publikum die Replik in Händen. Sie galt als Beccarias Schrift und verteidigte den Autor vor allem gegen den Vorwurf der Verletzung der Religion. Hierauf bezieht sich Beccaria in der Vorrede an den Leser, die den folgenden Auflagen seines Buches hinzugefügt wurde. Notwendig mußte er dabei für die Trennung der Vernunft von der Religion, des Irdischen vom Himmlischen zu einem dialektischen Ausdruck kommen, den wir auch in der frühen Aufklärung, bei Bayle und Fontenelle, doch künstlicher und unglaubwürdiger, finden, während die spätere Aufklärung sich offen als Gegner des Glaubens erklärt. Diese Trennung zwang Kierkegaard sein Lob für den ehrlichen Lessing ab. Sie gewinnt schließlich in unserer Zeit eine universelle, alle Reaktion endgültig herausfordernde Bedeutung. Beccaria hat die Religion ernst, doch distanziert betrachtet. Es gibt keinen Text von ihm, der sich mit ihr identifizieren würde.

Der Beifall für Beccarias Schrift überwog bei weitem die Kritik. Die *Gazette littéraire de l'Europe* brachte am 13. Februar und am 1. August 1765 zwei Rezensionen. Die erste wies auf einen Satz La Bruyères in *Les caractères* hin, der in dem Abschnitt *De quelques usages* von der Folter sprechend fast genau die Worte Beccarias gebraucht: »La question est une invention merveilleuse et tout à fait sûre pour perdre un innocent qui a la complexion faible, et sauver un coupable qui est né robuste.« Es ist dies eine der hundert Quellen, aus denen Beccarias Buch sich gespeist hat; und er dürfte kaum La Bruyère selbst gelesen haben. Einer der ersten, die auf Beccaria aufmerksam wurden, war D'Alembert, an den im Juni 1765 Beccarias Freund Paolo Frisi ein Exemplar der dritten Auflage geschickt hatte. Dieser antwortete: »Man kann nicht bezauberter, begeisterter sogar als ich von diesem Werke sein. Ich ließ es mehrere gute Philosophen lesen, die wie ich darüber geurteilt haben. Dieses Buch, wenn auch von geringem Umfang, genügt, um seinem Verfasser unsterbliche Achtung zu sichern.« Und D'Alembert teilte mit, daß einer seiner Freunde, ein Philosoph und guter Schriftsteller, von dem Werk so hingerissen sei, daß er sogleich mit der Übersetzung ins Französische begonnen habe. Es war dies der Abbé André Morellet, der im Jahre 1807 noch in hohem Alter davon berichtet, daß Malesherbes, der Sohn des Kanzlers de Lamoignon, ihn um diese Übersetzung ersucht habe. Auch dieses Unternehmen also erstand aus einem Kreis philosophischer Geselligkeit. Melchior Grimm brachte in seiner *Correspondance littéraire* vom 1. August 1765 eine ausführliche Anzeige des italienischen Textes. Kundige Beobachter hätten ihm versichert, daß die Fortschritte, die in Italien seit dreißig Jahren von der Vernunft gemacht würden, erstaunlich seien. Die ›Revolution‹ habe mit einer Übersetzung der *Lettres persanes* begonnen und sich rasch, vor allem in Toscana, bis ins Volk ausgebreitet. Aber ebenso mußte die Rezension Grimms feststellen, daß die Ansichten des Mailänder Philosophen noch ganz neu waren, setzte man sie zur Wirklichkeit der Justiz in Beziehung. Von der Carolina bis heute habe kein Mann des Gesetzes ›die Seele eines Beccaria‹ gehabt. In der Spannung zwischen den unmenschlichen Rechtsverhältnissen und der fast übereinstimmenden Ablehnung derselben durch die ›Philosophen‹ war der Erfolg Beccarias, der überdies in gewinnender Kürze das sagte, was zu sagen war, gesichert.

Morellet stellte seine Version des *Traité des délits et des peines* dem Autor selber vor. »Es schien mir, daß ich mich dem Guten zugesellte, das Sie den Menschen zufügten, und auch auf einige Dankbarkeit der empfindsamen Herzen würde zählen können, denen die Interessen der

Menschheit teuer sind.« Wertschätzung, Dankbarkeit, Interesse und Freundschaft werde Beccaria entgegengebracht. Diderot, Helvétius und Buffon ließen ihm dies eigens mitteilen. »Wir haben schon viel mit Herrn Diderot über Ihr Werk gesprochen, das sehr wohl fähig ist, einen so heißen Kopf wie den seinen in Flammen zu setzen.« Über einige Bemerkungen, die das Ergebnis der Gespräche gewesen seien, werde er, Morellet, später berichten; und in der Tat hat dann Diderot eine Reihe von kritischen Ausstellungen an Beccarias Schrift niedergeschrieben. Buffon, so Morellet, bediente sich der stärksten Ausdrücke, um sein Vergnügen über das Buch zu bezeugen. Auch Rousseau, der gerade in Paris war, wurde Beccarias Buch gebracht, aber noch hatte Morellet dessen Meinung nicht erfahren können. »Vielleicht höre ich davon heute durch Herrn Hume, mit dem ich speisen werde. Aber ich bin im voraus gewiß über den Eindruck, den er davon empfangen wird. Herr Hume, der seit einigen Jahren mit uns zusammen lebt und entschlossen scheint, seinen Wohnsitz in Frankreich zu nehmen, beauftragte mich ebenfalls, Ihnen tausend Dinge seinerseits zu sagen. Ich füge diesen Personen, von denen Sie gewiß gehört haben werden, einen unendlich schätzbaren Mann hinzu, der sie alle bei sich zu Hause versammelt, den Herrn Baron Holbach, selber ein Mann von Genie und Autor vieler ausgezeichneter bereits gedruckter Werke über Chemie und Naturwissenschaften und vieler anderer, die nicht veröffentlicht sind, ein tiefer Philosoph und von sehr aufgeklärtem Urteil über alle Arten von Wissen, eine empfindsame Seele und aufgeschlossen für die Freundschaft. Ich kann Ihnen nicht wiedergeben, welch starken Eindruck Ihr Buch auf ihn gemacht hat und wie sehr er das Werk und den Autor liebt und schätzt. Da wir unser Leben bei ihm verbringen, müssen Sie ihn im voraus kennen, denn wenn wir uns dessen schmeicheln können, Sie für einige Zeit nach Paris zu ziehen, dann wird sein Haus das Ihrige sein.« In die Sphäre solcher Geselligkeit einzutauchen war der scheue Mailänder geladen.

Die Antwort Beccarias stellt eine der wichtigsten Quellen für seine geistige Entwicklung bis zur Abfassung des berühmten Buches dar. Vom italienischen Original ist nur eine um eine Seite verstümmelte Kopie in der Gemeindebibliothek von Forlì erhalten geblieben, die erst im Jahre 1959 veröffentlicht worden ist. Die französische Übersetzung findet sich in der berühmten Ausgabe des *Traité des délits et des peines* vom Jahre V, die Graf Pierre Louis Roederer, einst Mitglied der Nationalversammlung und Girondist, jetzt Mitglied des Institut de France, künftig Staatssekretär der napoleonischen Regierung des Großherzogtums Berg in Düsseldorf, veranstaltet hat. Beccaria bekennt darin den Einfluß, den die Philosophen der Enzyklopädie auf ihn gehabt haben. Aber er sagt auch, bei der Abfassung seines Werkes Galileo, Machiavell und Giannone vor Augen gehabt zu haben. Die Fesseln des Aberglaubens der anderen und die Lautstärke des Fanatismus rings um ihn hätten ihn dazu veranlaßt, »im Verborgenen zu bleiben und das Licht der Wahrheit in einen undurchdringlichen Nebel zu hüllen«. Damit kann er nicht sein Buch gemeint haben, wohl dessen Anonymität, die seinem leidenschaftlichen Willen zur Verborgenheit entsprach: »Ich habe der Verteidiger der Menschen sein wollen, ohne zu ihrem Märtyrer zu werden.« Und er erinnert an seine ›Bekehrung zur Philosophie‹, als er fünf Jahre zuvor, also 1761, die *Lettres persanes* las. Helvétius habe die Revolution in seinem Geist vollendet. »Er ist es, der mich mit Macht auf den Weg der Wahrheit getrieben und der als erster meine Aufmerksamkeit für die Blindheit und das Unglück der Menschheit geweckt hat. Ich verdanke der Lektüre von *De l'esprit* einen großen Teil meiner Ideen.« Buffon, Diderot, Hume nennt er als die Quellen seines Denkens. In den philosophischen Werken D'Alemberts fand er ›eine unermeßliche Verkettung von großen und neuen Gedanken‹, ›die Hoheit und den Stil eines Gesetzgebers‹. Seine Vorrede zur Enzyklopädie und die *Éléments de philosophie* seien ›klassische Werke‹. Doch nun spricht er von sich selbst: »Ich führe ein ruhiges und einsames Leben, wenn man Einsamkeit eine ausgewählte Gesellschaft von Freunden nennen kann, wo der Geist und das Herz in einer ständigen Bewegung sind. Wir haben die gleichen Studien und die gleichen Vergnügungen. Dies ist eine Quelle der Hilfe, und es hindert mich daran, in meinem Vaterlande mich wie im Exil zu finden.« Denn dieses Land, so sagt er, sei noch unter den Vorurteilen begraben, die seine alten Herren hinterlassen hätten. »Die Mailänder verzeihen denen nicht, die sie im achtzehnten Jahrhundert leben lassen wollen.« Kaum zwanzig Personen gebe es dort, die Kenntnisse erwerben wollten und der Wahrheit und der Tugend ein Opfer brächten. Er stellt Morellet seine Freunde mit Namen vor und berichtet von ihrer aller Zeitschrift, die seit zwei Jahren unter dem Titel *Il Caffè* herauskommt; er nennt den Titel nicht, erwähnt nur, daß das Blatt Addisons *Spectator* nachahme, »ein Werk, das so sehr dazu beigetragen hat, in England die Kultur des Geistes und die Fortschritte des rechten Denkens zu fördern.« Morellet soll dessen gewiß sein, »daß die französischen Philosophen in diesem Amerika – gemeint ist Mailand – eine Kolonie wirklicher Anhänger haben, weil wir es aus Vernunft sind.« Es ist dieser Brief das schönste Zeugnis für die Universalität der Aufklärung. Von überallher wurde Beccaria Zustimmung zuteil. Nur der unter türkischer Herrrschaft von Europa ausgeschlossene Südosten fehlt unter den Stimmen, die Franco Venturi seiner Ausgabe von Beccarias Abhandlung mitgegeben hat. So schrieb Ludwig Eugen von Württemberg, der Bruder und Nachfolger des regierenden Herzogs, am 4. Februar 1766 an Beccaria, um für den tugendhaften Verfasser Liebe und Bewunderung auszusprechen; er wisse nicht, ob ihn die Vorsehung zur Herrschaft über seinesgleichen bestimmt habe, und wünsche dies auch nicht; doch könne er versichern, daß er alles, was in seinen Kräften stehe, tun werde, um die barbarischen Strafen abzuschaffen, vor denen die Natur zurückschaudere.

Die Patriotische Gesellschaft in Bern zeichnete Beccaria mit einem Preis aus. Der Leipziger Strafrechtslehrer Karl Ferdinand Hommel verkündete die Ideen Beccarias; die ›Hommelische Vorrede‹ zu der von ihm veranstalteten Ausgabe des Buches über Verbrechen und Strafen berichtet umständlich, wie er am 30. April 1765 »in huldreicher Gegenwart des damals minderjährigen und nun glorwürdigst regierenden Churfürsten zu Sachsen Durchlauchtigkeit eine öffentliche Streitschrift zu verteidigen« hatte. Er zählt den Hofstaat auf, der weiter zugegen war. Ehe Beccarias Buch ihm bekannt war, darauf legt er Wert, hatte er in diesem Streit vertreten, daß Todesstrafen nichts helfen und Sünde, Verbrechen und bloß verächtliche Handlungen dreierlei sind – »ärgerliche Sätze«, die nicht widerlegt wurden, »weyl jedermann meynte, sie widerlegten sich selbst«. Er bekennt, »daß der geringe Beyfall, den die Rechtsgelehrten diesen damals ungewöhnlichen Lehren beylegten«, ihn kleinmütig machte, doch habe sich das Mißtrauen, das er gegen sich selbst hegte, bald in Zufriedenheit verwandelt, als er nämlich »in gegenwärtiger Schrift des Herrn Marquis von Beccaria sehr vieles von demjenigen, was ich in finsterer Sprache Latiens entworfen hatte, durch der Redekunst Fakkeln erleuchtet und in Worte umgeschaffen sahe, die nur Engel reden können«.

Ein anderer Gegner der Todesstrafe im deutschen Sprachbereich war Joseph von Sonnenfels, seit 1763 Professor für politische Wissenschaften an der Universität Wien. In der ersten Auflage seines Werkes über *Grundsätze der Polizei, Handlung und Finanzen* von 1765 verteidigte er die These, daß die Todesstrafen dem »Endzweck der Strafen entgegen« seien, und er wies auf das überzeugende Experiment der Kaiserin Elisabeth von Rußland hin, wo während zwanzig Jahren die Todesstrafe nicht vollstreckt wurde und »wenigstens die Uebelthäter nicht vermehrt« worden seien. Helferich Peter Sturz entgegnete später im *Teutschen Museum*, Ende 1776, auf die soziologischen Einwände Simon Linguet's gegen den Wegfall der Todesstrafe. Linguet's Kritik war in Form eines offenen Briefes an Beccaria im April 1770 im *Journal économique* erschienen. Das wichtigste Argument, das er vorbrachte, bestand in der Armut der Verbrecher; denn nur die Armen würden die Strafe der Zwangsarbeit wirklich ableisten müssen, während Reichtum und Adel schon die Mittel wüßten, um vorzeitig freizukommen.

Doch nannte Linguet, der die Härte der Argumentation mit der Eleganz des Stils zu vereinen wußte, auch recht merkwürdige Gründe: »Ihre Gefangenen bedürfen der Wachen, der Nahrungsmittel; ernähren Sie sie schlecht und überlasten Sie sie mit Mühen, so werden sie bald umkommen; wechseln wird dann nur der Name und der Apparat der Strafe, denn immer werden Sie es sein, der sie getötet hat. Nähren Sie sie gut, dann wird ihr Unterhalt das Produkt ihrer Arbeit übersteigen. Ihre Ketten, ihr schlechter Wille werden ihre Leistung kaum fruchtbar machen, und das Ergebnis der Milderung wird darin bestehen, die Gesellschaft zusätzlich mit einer Menge unnützer Esser zu belasten.« Dieses aus dem Elend der niederen Volksklassen gewonnene Argument war gewiß einer scharfen Beobachtungsgabe abgewonnen. Doch folgerte Helferich Peter Sturz daraus, die Obrigkeit müsse eben für gesunde Nahrung und reinliche Gefängnisse sorgen. »Menschen darum zu schlachten, weil sie doch nicht mehr lange leben würden, gehört zur Jurisprudence vétérinaire. Aus Oekonomie zu töten ist barbarisch.«

Aus Dänemark und Schweden kam die Zustimmung ebenso wie aus Rußland. Alexej Naryschkin, der Diderot auf seiner Reise durch Rußland begleitet hat, wandte sich am 12. März 1771 von Florenz und zwei Jahre später noch einmal von Aachen aus an Beccaria. Das Interesse Katharinas II. erwachte sogleich, als sie von dem Buche hörte. Sie erkundigte sich über den Verfasser bei ihrem geheimen Sekretär Elagin, nannte ihn »un abbé, ou non abbé, Beccaria demeurant à Florence. Il y en a qui disent que le comte de Firmian l'employe.« In Frankreich, so meinte sie vom Hörensagen zu wissen, sei sein Buch »wegen

Mangel an Achtung vor der Gesetzgebung« verboten worden. »C'est un crime nouveau, mais il serait à souhaiter qu'on suivit les maximes de Mr. Beccaria qui n'a pas osé mettre son nom à la tête de son ouvrage.« Sogleich setzten ihre Bemühungen ein, Beccaria nach Rußland zu ziehen.

Die Jagiellonen-Bibliothek in Krakau besitzt heute noch zwölf Exemplare verschiedener Ausgaben des Buches über Verbrechen und Strafen allein aus dem achtzehnten Jahrhundert, mehr als beispielsweise die Staatsbibliothek in München. Die erste polnische Übersetzung, von dem Piaristen Teodor Waga, erschien im Jahre 1772. Der Großkronkanzler Stanislaw Lubomirski war ein Befürworter der Reform des Strafwesens. Man zitierte Beccaria bei Debatten im Sejm über Rechtsfragen, darunter die Todesstrafe, im Jahre 1774. Das Land machte in den letzten Jahren seiner Selbständigkeit große Fortschritte in der Aufklärung der Menschen und war in manchen Reformen damals Frankreich und England voraus.

Jefferson kopierte ganze Seiten aus Beccarias Schrift in seinem Lesetagebuch. Auch er ließ sich von der Notwendigkeit überzeugen, die Todesstrafe abzuschaffen. Im Jahre 1773 erschien Beccarias Schrift in New York, danach noch zweimal, 1778 und 1809, in Philadelphia.

Auch in Spanien rührte man sich. Anfang 1775 erschien die Übersetzung des Geistlichen Juan Antonio de Las Casas; und ein Italiener, Pietro Giusti, der sich gerade in Madrid befand, beeilte sich unter dem 12. Januar 1775 dies Beccaria nach Mailand zu berichten, nicht ohne hinzuzufügen, daß der Übersetzer denselben Namen trage wie der einstige Bischof von Chiapa, der »Karl V. die vom spanischen Fanatismus in Amerika begangenen

Greuel aufgedeckt« habe. Voltaire veröffentlichte im September 1766 ohne Angabe von Ort und Jahr seinen *Commentaire sur le livre des délits et des peines par un avocat de province*. Er stand damals mitten im Prozeß La Barre, nachdem er im Jahre zuvor in der Revision des Justizmordes an Jean Calas unter Tränen gesiegt hatte. Die öffentliche Zustimmung Voltaires verstand sich von selbst; schließlich hatte der Philosoph von Ferney längst gezeigt, wie die Justiz seiner Zeit einzuschätzen war. Gerade im Frankreich der zu Ende gehenden Monarchie waren die neuen Prinzipien am schwersten durchzusetzen. Die Folter wurde dort bis zur großen Revolution weiter angewandt, während Friedrich II. sie in Preußen schon gleich nach seiner Thronbesteigung im Jahre 1740 abgeschafft hatte. Frankreichs Monarchie blieb einem Regime des aufgeklärten Absolutismus nach dem Scheitern der Reformen Turgot's endgültig verschlossen, weshalb dort schließlich eine andere Revolution zu erwarten war als die eines in Reformen sich umsetzenden neuen Bewußtseins.

Die Reise nach Paris fand statt. Pietro Verri war durch Amtsgeschäfte an der Mitreise verhindert, und so begleitete sein Bruder Alessandro den mittlerweile berühmten Autor. Schon am Abreisetag, dem 2. Oktober 1766, überfiel Beccaria das Heimweh, das sich von Tag zu Tag stärker, ja verzweifelter äußerte, wie es sich den Briefen an seine Frau entnehmen läßt. Am 19. Oktober berichtete er aus Paris von dem glänzenden Empfang, der ihm zuteil geworden war; doch seine Familie und seine Freunde in Mailand ziehe er ganz Paris vor. Pietro Verri, durch die Nachricht von Beccarias Depressionen beunruhigt, mahnte ihn mit den beredtesten Worten an seine

Pflicht. »Unter dem heiligen Siegel unserer Freundschaft vertraue ich dir an«, hatte Beccaria indessen am zehnten Reisetag aus Lyon geschrieben, »daß ich meine Reise aufs äußerste bereue, und gäbe es nicht die Vernunft und zudem die weisen Überlegungen Alessandros, so wäre ich mit der Post zurückgekehrt, ohne Paris zu berühren. Es wäre dies eine Verrücktheit, die mich lächerlich machen würde, das sehe ich wohl.« Bis Paris sich zu schleppen werde er sich zwingen, dort jedoch prüfen, ob er sich zurechtfände, und gegebenenfalls einen Vorwand für seine Rückkehr ins Werk setzen. Pietro Verri antwortete schon am 26. Oktober mit einem langen und ernsten Brief; er hielt ihm vor, wie er in Mailand den brüsken Abbruch der Reise werde erklären können, und appellierte an seine Selbstliebe. Man werde ihn als einen Toren ansehen, und die wenigen Vernünftigen würden sagen, wie sehr Beccaria mit der Feder in der Hand auch sich zu erheben wisse, so niedrig sei sein Rang, wenn er zu schreiben aufhöre. Damit riß Verri den ganzen Gegensatz zwischen dem Charakter des Autors und dem des Buches auf. Noch einmal schrieb er ihm am 15. November, obgleich keine Antwort gekommen war. Doch unter dem gleichen Datum verfaßte Beccaria in Paris einen wahrhaft merkwürdigen Brief: keiner der Gründe Pietros hat ihn überzeugen können, sie alle hat er schon von Alessandro gehört, der mit ganzem Eifer und mit Nächstenliebe sich seiner »unheilbaren Krankheit« angenommen hat. »Wir haben mit gleicher Beredsamkeit und Energie meinen ganzen Seelenzustand besprochen, haben analysiert, entwickelt, vorausgesehen, berechnet, kein Faktum wurde übergangen, und immer war das Schlußergebnis, daß ich zurückkehren muß. Angesichts eurer allgemeinen

Vernunftsgründe habe ich mich nach Paris wie ein Elender geschleppt, der zur Hinrichtung geht, habe ich meinen Verdruß und meinen Kummer hinuntergeschluckt, mich mit gutem Willen allen geeigneten Mitteln zu meiner Heilung hingegeben, aber nichts hat geholfen.« Alles rät ihm zur Heimkehr, sein Entschluß ist gereift, jeder Widerstand Pietros überflüssig. Damit endete die Freundschaft der Brüder Verri mit Beccaria.

Gleich nach der Rückkehr traf das Angebot Katharinas II. ein, in Petersburg ein seinen Fähigkeiten entsprechendes Amt zu bekleiden. Die Kaiserin hatte am 14. Dezember 1766 in einem Manifest die Berufung einer Kommission für die Gesetzgebung angekündigt. Sie hatte hierfür eine Instruktion zusammengestellt, die nicht zuletzt auf Beccaria's Buch fußte. Diese wurde, russisch und deutsch 1767, französisch, italienisch und holländisch 1769 veröffentlicht, in ganz Europa verbreitet und lebhaft diskutiert. Einer der Sätze dieser Instruktion lautet, »daß im gewöhnlichen Zustand der Gesellschaft der Tod eines Bürgers weder nützlich noch notwendig« sei. Die Instruktion der Kaiserin liest sich in weiten Partien wie ein Auszug aus Beccaria. Aber nichts hätte diesen bewegen können, das Angebot anzunehmen. Sogleich setzte er den Bevollmächtigten Minister Graf Firmian davon in Kenntnis, der an den Staatskanzler Kaunitz nach Wien berichtete. Die von Beccaria beabsichtigte Wirkung trat ein; denn selbstverständlich durfte die österreichische Lombardei einen Untertanen wie ihn nicht verlieren, den sein Buch »als guten Charakter erwiesen« hatte. Graf Firmian schlug daraufhin vor, Beccaria den neuen Lehrstuhl für Kameralwissenschaften an den *Scuole Palatine* zu übertragen. Das entsprechende kaiserliche Dekret datiert vom 22. Dezember 1768. Alle Bewerber um Kameralämter wurden zum Besuch dieser Vorlesungen verpflichtet. Damit war Beccaria in den Staatsdienst getreten, in dem er bis zum Ende seines Lebens bleiben sollte. Er hielt sich abwechselnd in Mailand, wo er seine Vorlesungen bald auch im eigenen Hause halten konnte, und auf seinem nahe vor den Toren der Stadt gelegenen Landgut Gessate auf. Sein Leben verlief so still, wie er es immer gewünscht hatte.

Es gibt von ihm einen Aufsatz über die Freuden der Einbildungskraft, den er im zweiten Jahrgang der Zeitschrift ›Das Kaffeehaus‹, *Il Caffè*, veröffentlicht hat. Es war dies das Periodicum der Mailänder Aufklärer, die damit ein breiteres Publikum zu gewinnen, ja zu erziehen trachteten. Eine Art journalistische Enzyklopädie wurde daraus; denn alle Themen wurden behandelt, freilich auf unterhaltsame Weise. Pietro Verri veröffentlichte dort ›Grundzüge des Handels‹, er schrieb über die Komödie, das Schicksal der Bücher, den Luxus, über politische Arithmetik, die Medizin, den Geist der Literatur Italiens. Von Alessandro gab es eine Abhandlung über das Glück der Römer; er schrieb über die Systeme des öffentlichen Rechts, über gesellschaftliche Tugend, und er verfaßte eine Satire gegen das Prügeln der Kinder. Unter den Themen finden sich ebenso ›Gedanken über die Einsamkeit‹, auch diese von Pietro Verri, wie eine Abhandlung über Uhren, von Alfonso Longo. Uns interessiert hier Beccarias Aufsatz, der ein Lob der von der Materie befreiten Phantasie darstellt. Der sensualistischen Philosophie, der die Mailänder den Vorzug gaben, war eine durchaus pessimistische Einschätzung des Verhältnisses von Lust und Schmerz, von Glück und Elend eigen. Der

Rat Epikurs, im Verborgenen zu leben, war nicht einmal Pietro Verri fremd, der davon in seinem Buch ›Über die Natur der Lust und des Schmerzes‹ gehandelt hat. Bei Beccaria freilich ist der Akzent, der auf die Einsamkeit fällt, betonter. »Die Menschen laufen keuchend dahin, stoßen sich, rotten einander aus, um sich wechselseitig das wenige an physischer Lust, hier und dort in der Wüste des menschlichen Lebens verstreut, streitig zu machen; aber die Freuden der Einbildungskraft werden ohne Gefahr erworben; sie sind ganz unser, kaum beneidet von der großen Zahl, die von ihnen weder weiß noch sie schätzt; und wenn sie nicht eine Seele ganz glücklich machen, so bringen sie ihr doch wenigstens Ruhe.« Hier hat, anders als in des Autors berühmtem Buch, die Reflexion nachgelassen; denn die Scheidung zwischen dem glücklichen einzelnen und der verlorenen Masse wird nicht vermittelt. Das Thema wird isoliert, kein Bedacht genommen auf die Möglichkeit, die Menschen könnten unter einem anderen Verhältnis zu ihresgleichen, unter einer des Stachels der Konkurrenz entbehrenden gesellschaftlichen Verfassung, durch eine autoritätsfreie Erziehung von Jugend auf schließlich zu immaterieller Arbeit, zu bewußter Muße fähiger werden. Dennoch ist darum nicht sogleich falsch, was Beccaria in seinem Aufsatz darlegt. Vor allem das psychische Bedürfnis nach einer vom Zwang der Analyse befreiten Weise der Betrachtung hat sein unabweisbares Moment von Wahrheit. »Sei begierig auf angenehme Irrtümer, und laß dir um alles in der Welt nicht eine schöne Schimäre Platons für eine kalte Überlegung Lockes entfliehen. Sehr dienlich wird es deinem Ziele sein, in den menschlichen Dingen ein wenig philosophische Gleichgültigkeit dir zu erwerben, ebenso in den Geschäften wie bei der Suche nach der Wahrheit, der du weder treulos noch ein aufbegehrender Untertan sein wirst, sondern nur ein verborgener und nicht auf Taten brennender Diener.« Die Beziehungen zu den blind dahinlaufenden Menschen soll man einschränken, so sehr man es vermag, und ihnen Gutes erweisen aus einer Ferne, die nicht ungerecht genannt werden darf, »auf daß sie nicht kommen können, dich in Verwirrung zu bringen und in ihren Strudel zu ziehen«. Kämpfen, hoffen und sterben soll man die Menschen lassen und lachen über die Verrücktheit von seinesgleichen, doch auch über die seiner selbst. Aus diesem Text spricht nicht Hochmut, vielmehr eine Verzweiflung, die heilsam sein kann, weil sie den wahren Wert der Dinge zu ermessen imstande ist. Und man sollte es, meine ich, Beccaria hoch anrechnen, daß er auch für die gequälte Kreatur ein gutes Wort einlegt. »Auch die vom stolzen und grausamen Menschen mißhandelten Tiere mögen sich deiner Gerechtigkeit erfreuen, und denke daran, daß ein Strahl des so kurzen und beschränkten Lebens auch ihre Glieder trifft. Bist du ungerecht und böse, dann wird Reue und Unruhe mit dem Blut in deinen Adern kreisen.«

Die stoische Haltung verlor sich angesichts der Erkenntnis, daß nicht wenige, sondern alle zu einem Leben der Vernunft berufen wären; denn nur inmitten einer widervernünftigen Welt kann der aufgeklärte Mensch gut sein, indem er ihr widersteht. Die Kritik der Aufklärung an der stoischen Ethik war frei von Ranküne gegen den heroischen Charakter, nur daß man den Zwang durchschaut hatte, aus dem heraus in der Gesellschaft, wie sie bislang sich darbot, die Tugend die Sache weniger war. Hätte indessen dereinst die Reform der Gesellschaft den sozialen Rahmen erarbeitet, welcher der größeren, der größten Zahl, schließlich allen Menschen ein der Vernunft gemäßes Leben ermöglichen würde, dann werde für die größte Zahl innerhalb dieses Rahmens die Tugend immer leichter und es immer schwieriger sein, aus ihm herauszufallen oder auszubrechen. Die Tugend würde endlich die selbstverständliche Antwort des Subjekts auf den Gesamtzustand sein, ebenso wie früher das Verbrechen, und diesen sozialen Zusammenhang sah Beccaria deutlich, die allzu häufige subjektive Antwort auf die Verhältnisse war. Die Wechselwirkung von Rebellion und Repression würde unterbrochen sein. Der Epikureismus des Aufklärers hat deshalb kein ungutes Gewissen wie zuvor der der Freigeister, bei denen stets die Grenze zu einem unglücklichen Bewußtsein sich bemerkbar macht, das davon weiß, wie sehr das private Wohlergehen ein Raub ist. Jene Freigeister haben deshalb auch den Stachel eines Christentums verspürt, für welches das transzendente Glück, zu dem es alle Menschen berufen sah, auch die irdischen Verhältnisse in ein neues Licht taucht. Der *esprit fort* haßte deshalb das Christentum und verbeugte sich gleichzeitig vor ihm in einem anderen Sinne, als in welchem der Aufklärer es abwehrte oder auf sich beruhen ließ, um für die Arbeit des Gedankens frei zu sein. Der *esprit fort* wird deshalb auch stets noch die größere Anziehungskraft als der Aufklärer ausüben, wo die Auguren sich zulächeln. Jenen, nicht diesen, hat das ›christliche‹ Abendland beerbt.

Daß Beccaria den Rat Epikurs, im Verborgenen zu leben, befolgte, hat schließlich doch nichts vom Einverständnis mit der Misere. Er durfte auf den Reformwillen der Staatsgewalt des Absolutismus und gerade auch jenes

Österreichs vor Franz II. vertrauen. Das Verhältnis Beccarias zum Grafen Firmian war nicht anrüchig; und auch die Brüder Verri hatten nach dem Bruch mit Beccaria nichts daran auszusetzen. Vor der Revolution konnte das Beharrungsvermögen der etablierten Mächte, eben der von Verri und Beccaria kritisierten Zwischeninstanzen, noch keine konservative Partei erzeugen. Anders als die nachrevolutionäre Beharrung, eben die Reaktion, waren jene kein definierter Teil der Gesellschaft. Es gab keine bestimmte und damit nicht die bösartige Schranke, die von den *gens de Coblence*, von Burke, von Gentz errichtet worden ist und an der bis heute weitergezimmert wird. Das gerade machte das Glück der vorrevolutionären Zeit aus, daß man die Arbeit des Bewußtseins an den Projekten zur wohltätigen Gestaltung des Daseins nicht für vergeblich halten mußte. Indem man zur Feder griff, erfüllte man seine Menschenpflicht. Voltaires Voraussicht auf die Unvermeidlichkeit der Revolution war doppelwertig: er ahnte im voraus die Gewalttat einer Reaktion, der die Revolution zum Vorwand dienlich sein würde.

Mit dem 29. April 1771 begann Beccarias Tätigkeit als Verwaltungsbeamter. Er gehörte nun dem Ratskollegium für die Nationalwirtschaft der österreichischen Lombardei an. Von den Ämtern, die er weiter innehatte, stand nur noch eines in Beziehung zu seinem Werk. Kaiser Leopold II., der mit dem neuen Strafgesetzbuch vom 30. November 1786 als Großherzog der Toscana die Todesstrafe abgeschafft hatte, folgte im Jahre 1790 seinem Bruder Joseph II. Noch im gleichen Jahre, Ende August, ordnete er die Einsetzung einer Kommission an, die nach genauer Prüfung der alten Landesgesetze und der neuen Strafgesetzbücher von Österreich und Toscana ein neues

Strafgesetzbuch für die Lombardei entwerfen sollte. Das Dekret vom 17. Februar 1791 bestimmte die Zusammensetzung dieser Kommission, zu deren sieben Mitgliedern Beccaria gehörte. Ihm gebührte nach dem ausdrücklichen Wunsche des Kaisers einer der ersten Plätze, und so wurde er zum Berichterstatter gewählt. Ein kaiserliches Handschreiben vom 16. Juni 1791 berief sodann zur Beratung einzelner strafrechtlicher Fragen eine zweite aus wiederum sieben Mitgliedern bestehende Kommission. Beccaria gehörte als einziger beiden an. Am 22. Januar 1792 beriet die letztere über die Todesstrafe. Beccaria hielt sie nur für zulässig im Falle der Verschwörung gegen den Staat. Mit ihm stimmten noch zwei andere Mitglieder, nämlich Gallarati Scotti und Paolo Risi im gleichen Sinne; und so sind auch sie auf dem Denkmal Beccarias auf der Piazza Fontana in Mailand abgebildet.

Wenige Jahre nur hat der Blitz der Erkenntnis, von dem er getroffen war, ihn so erschüttert, daß er aus der Bahn geriet und zum Verfasser eines weltberühmten Buches wurde. Danach blieb von diesem Blitz ein nurmehr stilles Licht des aufgeklärten Wissens, das ihn zum Muster eines Beamten unter der Herrschaft des aufgeklärten Absolutismus befähigte. Seine Seelengeschichte ist noch nicht geschrieben worden, und vielleicht wäre sie kaum eine reizvolle Aufgabe. Auch gäbe es nicht allzu zahlreiche Quellen dafür; und über das hinaus, was Sergio Romagnoli in den beiden Bänden der *Opere* an Werken, Verwaltungstexten und Briefen Beccarias zusammengestellt hat, dürfte kaum noch etwas zu entdecken sein. Gerade der dem Geiste seiner literarischen Tat widersprechende Charakter Beccarias erweist die hohe Objektivität des Buches, und wenn jemals ein Autor zum Werkzeug des

Zeitgeistes wurde, dann er. Sein Stil ist abstrakt, darin äußert sich die aufgewandte Reflexion. Es werden keine Beispiele aus Gerichten und Gefängnissen angeführt, was schließlich nahe genug gelegen hätte. Die aus den Justizverhältnissen der Zeit gewonnene Erfahrung liegt dicht unter der reflektierten Gestalt des Textes, ist überall in ihm gegenwärtig. Pietro Verri spricht von der *robustezza* seines Stils. Die Mailänder Aufklärer waren stolz darauf, »schlecht« zu schreiben, nämlich nur denjenigen Sprachregeln zu gehorchen, die der Ausdruck dessen, was sie zu sagen hatten, vorschrieb. Dabei ist das Buch in einem gewählten Italienisch, einem hohen Stil geschrieben, der abermals bezeugt, wie sehr der Autor außerhalb der gewöhnlichen Bahnen bleiben wollte. Farbe und Schmuck fehlen, doch verleiht eine kraftvoll artikulierte Syntax auch den menschenfreundlichen Empfindungen, die Beccaria zu Wort kommen läßt, den redlichen Ausdruck.

Ein Schlüsselwort ist das vom Glück der größten Zahl. Das Jahrhundert war der Verknüpfung des individuellen Glücks mit der Einrichtung des Staates endgültig gewiß geworden. Man konnte das Glück der vielen Menschen nicht mehr auf die Tugend nur des einzelnen, die Gottwohlgefälligkeit gründen. Tugend im Sinne Beccarias meinte eine subjektive Mühe, die sich in Beziehung wußte mit dem allgemeinen und nicht mehr nur dem eigenen Wohlergehen. Stets schon, schon für den Psalmisten, ebenso für den Stoiker und den Christen, war das Glück in Glücksgüter auslegbar gewesen, und wäre es nur das letzte Glück der inneren Ruhe, der Ataraxie, angesichts der wirren Welt, wovon auch Beccaria wußte. Aber die völlige Armut, das letzte Elend, in welchem breite Massen der europäischen Bevölkerung die Jahrhunderte hindurch dahinvegetiert hatten, war nicht einmal der Resignation fähig. Um verzichten, um von den äußeren Bedingungen des Daseins in freiem Entschluß sich lösen zu können, müssen diese Bedingungen, und das heißt die Glücksgüter, hinlänglich entwickelt und gerecht verteilt sein. Die Gesetzgebung erhielt nun ihr eigentliches Ziel: die Glücksgüter bis hin zur Naturgrenze selber zu fördern. Nichts anderes meint die Formel vom größten Glück der größten Zahl. Sie hat die Meinung überwunden, es gebe unaufhebbare gesellschaftliche Bedingungen, die einen Teil der Menschen, wenn auch eine Minderzahl, vom Glücke ausschlössen. Vielmehr strebt die genannte Formel dahin, die einzige Grenze zu erkunden, die der Mensch in redlicher Weise anerkennen kann. Mit den in der ›größten Zahl‹ nicht eingeschlossenen Menschen sind also nur diejenigen gemeint, die die Natur selber vom Genusse ausschloß, denen sie die Sinne nicht gewährte, die der Genuß des Lebens voraussetzt. Und nicht einmal das stellt eine redliche Staatsauffassung von der Aufgabe frei, den von der Natur Enterbten mit den Mitteln der Zivilisation zu Hilfe zu kommen. Deshalb war es kein Zufall, daß erstmals im Frankreich der Revolution Philippe Pinel »den Irren die Ketten abnahm«. Der Geisteskranke war in die Menschheit aufgenommen, indem dieser Arzt eine erste Therapie für ihn entwickelte, statt entweder scheu ihn als ein höheres Wesen zu verehren oder mit Verachtung zu strafen. Geradeso hat wenige Jahre zuvor Beccaria den Verbrecher vermenschlicht. Auch vor ihm verliert die Gesellschaft die Scheu, und sie nimmt ihn auf. Denn wie der Irre in alten Zeiten für ein übermenschliches, dämonisches Wesen gehalten wurde, was ihm nicht dagegen half, von dem rationalisierenden Zug des Christentums gegenüber der Antike ebenso wie die alten Götter und Heroen in die Unterwelt verbannt zu werden, in eine Unterwelt, die in den abscheulichen und barbarischen Verliesen hienieden die Welt selber war, ebenso wurde ehedem der Rechtsbrecher zum Schaustück der feierlichen Hinrichtung erhoben; und davon ist bis heute die weiter vielleicht als man ahnt verbreitete und geheime Bewunderung für den Rechtsbrecher geblieben. Wahrscheinlich hat kaum je ein Irrer seine erhabene Rolle selber verspürt, sie war ihm nur vorgeschrieben. Und ebenso wahrscheinlich ist es, daß der den barbarischen, wenn auch prunkvollen und feierlichen Prozeduren unterworfene Verbrecher doch nichts anderes war als jenes elende, zerbrochene und gequälte Individuum, das an vielen Stellen dieses Buches bei seinem wahren Namen genannt ist. Beccaria beschönigt nichts. Denn aller Goldgrund, auf den die Vergangenheit gemalt wird, ist nichts anderes als die Überheblichkeit der glücklich Davongekommenen und die Rechtfertigung des fortwaltenden Unrechts.

Das Buch über Verbrechen und Strafen bezeichnet ein wesentliches Stadium auf dem Wege zur Vervollständigung der Menschheit. Nichts anderes meint Humanität, welches Wort freilich bei Beccaria in der hier gebrauchten Bedeutung nicht sich findet. Es steht dafür ein anderes: Empfindsamkeit, *sensibilità*. Empfindsamkeit will sagen, daß ein Individuum subjektiv empfänglich ist für das, was an Lust und Schmerz auf andere seinesgleichen einwirkt. Es bedarf keines Beweises, daß der Mensch für eigene Lust und eigenen Schmerz ein Empfinden hat. Daß es ihm auch für Lust und Schmerz anderer eigen ist, dessen wurde, erstaunend darüber, welch hohen Sinn das Wort Mensch in sich barg, das Jahrhundert der Aufklärung gewahr. Die Zeugnisse dafür sind überaus zahlreich: man vermochte Lust und Schmerz nicht mehr allein auf sich selbst zu beziehen, und ein empfindsamer Mensch war gerade derjenige, der des Wohls und Wehe anderer, der anderen, ja letztlich aller anderen gewärtig war. So sehr die Zeit den Fortschritt der Technik gebilligt hat, so wenig konnte sie ihn darauf beschränken. Es war ihre große Selbstverständlichkeit, vom moralischen Fortschritt zu sprechen, und dieser bestand in eben der Verfeinerung der Empfindsamkeit. Nur demjenigen konnte das Prädikat, ein Mensch zu sein, in Wahrheit zukommen, der für das Wohl aller Menschen dachte und tätig war.

Beccaria führte das Strafwesen auf den einfachen Grundsatz des Gesellschaftsvertrages zurück. Mit dem Gesellschaftsvertrag wird die Sicherheit aller begründet, der Zustand des Krieges aller gegen alle aufgegeben. Aufgegeben wird Freiheit, eingetauscht dafür wird Sicherheit. Wer diesen Vertrag verletzt, muß so behandelt werden, daß ein Rückfall möglichst verhindert wird. Dies gilt für die Person des Rechtsbrechers und ist hinfort die eine Seite dessen, was Strafe für den denkenden Menschen allein noch sein kann. Die andere Seite der Strafe besteht in der Abschreckung möglicher Rechtsbrecher. Der Erfolg des Verbrechens soll vereitelt werden, er darf nicht Schule machen. Ist so ans Verbrechen Mißerfolg geknüpft, und Beccaria insistiert darauf, diese Verknüpfung möglichst mechanisch zu gestalten, so ist damit ein wirksames Motiv gegen die Freiheitsantriebe gesetzt, die den Individuen aufgrund ihrer Leidenschaften auch unter den Bedingungen des Gesellschaftsvertrages bleiben.

Piero Calamandrei hat die Bestreitung des Rechts der Todesstrafe durch Beccaria für nicht gefahrlos gehalten, weil er sie einzig mit dem mangelnden Interesse der Gesellschaft begründe; lebe dieses Interesse wieder auf, so müsse folglich die Todesstrafe erneut legitim werden, und es bedeute dies, daß man dem Menschenleben den absoluten moralischen Wert nicht zubillige und sein Schicksal den Regierenden überantworte. Wenn man indessen den Gedanken des öffentlichen Nutzens bis ans Ende festhält, bedarf es einer absoluten Wertschätzung des menschlichen Lebens nicht; sie hätte angesichts der Argumente Beccarias tautologischen Charakter, haben doch im Sinne des Gesellschaftsvertrags die Individuen nur den kleinsten Teil ihrer Freiheit darangeben wollen, viel weniger also ihr Leben: und die Todesstrafe ist verwerflich, weil sie unnütz ist, sobald die Menschen eingesehen haben, daß die Bewahrung ihres eigenen Lebens mit der des Lebens aller anderen unabdingbar verknüpft ist. Die Unsicherheiten und Schwankungen der öffentlichen Meinung sind wie das partikulare Interesse, dem sie entsprechen, in ihrer Kontingenz durchschaubar; sie sind soziale Tatsachen und somit nicht unabhängig von der Gesamtverfassung der Gesellschaft. Was die Interessen, die nicht die der größten Zahl sind, ausmacht, wird solange auch die vorherrschende Meinung sein, wie das Interesse der größten Zahl in deren Bewußtsein dunkel bleibt. Somit ist die Erweckung des Interesses dieser größten Zahl an der Erhaltung ihrer selbst – eines Interesses, das nur darum bis in die jüngste Geschichte hinein zumeist stumm blieb, weil die Masse der Individuen über ihre Ohnmacht verzweifelt war – das unabweisbare Ziel, das die Menschheit selber sich gesetzt hat. Beccaria sieht dieses Ziel ebenso wie sein großmütiger Florentiner Interpret, doch hat dieser mit dem Begriff der absoluten Wertschätzung des menschlichen Lebens einen Glaubenssatz in die Überlegung wieder eingebracht. Der Aufklärer hingegen versagt sich die Erinnerung an Metaphysik oder Religion aus keinem anderen Grunde als deshalb, weil er sich an alle Menschen, an die Menschen gar aller Epochen wendet. Mag mit seinen Argumenten die Wertschätzung des menschlichen Lebens übereinstimmen, er bedarf ihrer nicht, denn im Interesse der größten Zahl hat er den festeren Grund gefunden. Indem er sich allein an die Vernunft wendet, schon für die erste Philosophie das unterscheidende Merkmal der menschlichen Gattung, eröffnet er den Streit mit jedem Glauben, der sich selbst, sein Mysterium der Welt preisgebend, als eine Art Vernunft mißversteht, schließt er jedoch zugleich Frieden mit jedem, der der menschlichen Gattung angehört. Das letztere wird erst mit dem Fortschreiten der Aufklärung anschaulich, zunächst gehört dem Streit das Feld der Geschichte. Die Entmythologisierung des Verhältnisses von Verbrechen und Strafe setzte die Einrichtung einer »wohltätigen Staatsverfassung«, wie man damals im Deutschen sagte, voraus: bis dorthin zu denken, kommt der Leser von Beccarias Schrift nicht umhin. Noch schwieriger indessen dürfte die vom Mythos freie Ansicht des Verbrechens und der Strafe für einen religiösen Glauben sein, der sich seines Zusammenhangs mit der Praxis von Herrschaft nicht bewußt ist. Der wesentliche Denkschritt Beccarias führte zur Unterscheidung von Verbrechen und Sünde, die dem Alltag bis heute immer noch eher fremd ist. Was ein Mensch im Angesicht des Höchsten Wesens ist, bleibt der Vernunft verborgen, und es wäre schiere Anmaßung, wollte der irdische Richter darüber befinden. Beccaria führt diese Unterscheidung mit aller Strenge durch, sie ist denknotwendig. Kein göttliches Recht wird damit angetastet, wohl das einer angemaßten Repräsentation dieses Rechts innerhalb der irdischen Verhältnisse. Stets kamen in den Augen des unmündigen Volkes im Gerichtssaal der göttliche und der irdische Richter überein. Das Zeichen des christlichen Mysteriums an den Orten der irdischen Gerechtigkeit ist jedoch nicht allein ein Affront gegen den Citoyen, es ist auch eine Schmach für den christlichen Glauben.

Der Bruch mit der Vergangenheit, und würde selbst ein Jahrtausend, ja die gesamte Zeit der geschichtlichen Hochkultur zu ihr gehören, ist in sich selber gerechtfertigt, indem er die Bestimmung des Menschen zur Freiheit erfüllt. Dennoch darf der Aufklärer mit Dankbarkeit anerkennen, daß er mit diesem Bruch zu einer weiter zurückreichenden und zumeist unanschaubar verlaufenden Kontinuität findet. Denn ähnlich wie die Kriege nur unter den Bedingungen der Hochkultur möglich wurden und eine bereits entwickelte Technik der Waffen und der Vorratshaltung voraussetzten, um über den bloßen Totschlag, den Mord an Abel hinauszugehen, haben die Greuel der Justiz, die ausgeklügelten und keineswegs, wie man zuweilen angenommen hat, naiven Torturen ihre selber langwierige Entwicklung gehabt. Gewiß hat es in der Vorgeschichte ein zeitweise milderes Menschenwesen gegeben als das, wovon die Schrecken der Hochkulturen überall in der Welt, in unserer die Folter, die Inquisition, der Haß auf die Juden im späteren Mittelalter und in den ersten beiden Jahrhunderten der Neuzeit künden. Das stille Andauern des mittelmeerischen Matriarchats mag der Grund für ein »sanfteres Gesetz« der Geschichte sein, das in Italien zu beobachten ist, weshalb schließlich die Greuel des Faschismus dort nicht bis zu der Perfektion des deutschen Nordens gediehen sind. So martialisch der Faschismus sich gab, so roh er im Vergleich mit der politischen Kultur Italiens war, so hat er doch bestimmte Schranken nicht überschreiten können. Die im Jahre 1931 mit dem faschistischen Strafgesetzbuch wieder eingeführte Todesstrafe ist eine Sache des Staates gewesen, die vom Volke innerlich nicht anerkannt wurde. Die Archetypen der Madonna, der Mutter mit dem Kinde, der Pietà, der um den geschundenen Sohn trauernden Mutter, weisen auf eine psychische Wirklichkeit, die dem Programm der Vernunft entgegenkommt.

Die Vermenschlichung der Menschen war ein allgemeines Prinzip der Aufklärung. Die des Irren und des Verbrechers stellen nur die Grenzfälle dar. Die Polemik gegen den ›Despotismus der Zwischengewalten‹, kein Hauptthema des Buches, doch eines der *Accademia dei Pugni*, steht dem Zentrum der realisierten Humanität näher. Wird nämlich die Herrschaft des Gesetzes und allein des Gesetzes errichtet, so verlieren die Instanzen den Charakter der willkürlichen Vertretung von Interessen, letztlich den der Herrschaft. Das betrifft nicht nur die verschiedenen Ebenen des Staates, sondern ebenso die der Gesellschaft. Herrschaft, nämlich die Macht zur willkürlichen, nicht an der Vernunft, und damit der Vernunft aller, kontrollierten Entscheidung, ist mit der entfalteten Humanität unvereinbar. Auf die eine muß man verzichten oder auf die andre. Daß die Aufklärer für den absoluten Monarchen eintraten, zeigte er nur für die Vernunft sich aufgeschlossen, hat so seinen Sinn. Pietro Verri lobte den Aufstieg der fürstlichen Macht: »er hat bewirkt, daß jener intermediäre Despotismus gezügelt wurde, so daß von nun an der Adlige ein Mensch ist, wie der Plebejer Mensch ist«; und es sprach daraus alles andere als die Anhänglichkeit ans ›angestammte‹ Herrscherhaus, wenn er weiter sagte: »Das Anwachsen der Macht der Souveräne, die heute das Glück Europas bewirken, hat alle jene zerstreuten und kleinen Kräfte absorbiert und vereinigt; die Zusammenfassung dieser Anarchien hat eine solche Macht begründet, daß ihr gegenüber die kleine Überlegenheit zunichte wird. Deshalb ist es unter diesem Gesichtspunkt von jedem guten Bürger zu wünschen, daß die Macht der Souveräne ständig zunimmt, weil mit ihr die öffentliche Ruhe zunimmt.«

Die öffentliche Ruhe. Auch dies ein Hauptgedanke Beccarias. Vielleicht ist er bei ihm ein wenig überbetont; aber das führt ihn nicht über die rational gesetzten Grenzen hinaus, verdeutlicht ihn nur. Denn der Gesellschaftsvertrag bezweckt den Frieden zwischen den Menschen, und zwar einer immer größeren Zahl, möglichst allen von ihnen. Das schließt die wirkliche Bewegung der Gesellschaft, mit dem materiellen zugleich den gesellschaftlichen und damit den psychischen, moralischen Fortschritt durchaus ein. Dieser moralische Fortschritt, die Loslösung der menschlichen Seele vom Zwang der egoistisch verinnerlichten gemeinschaftlichen Enge der Wohlgesinnten, der nur eignen Familie, nur eignen Nation, des nur eignen Berufs, wird in der neuesten Diskussion über den Fortschrittsgedanken oder, wie die Tagesmode es lieber hört, den Fortschrittsglauben in Zweifel gezogen, nachdem man, endlich und spät genug, wenigstens des materiellen Fortschritts nicht länger entraten will. Aber die subtile Zuflucht der geschichtlichen Fatalität im Zweifel am moralischen Fortschritt der Menschen, einem Zweifel, der sich durchaus nicht nur theoretisch versteht, sondern sich die Welt zu unterwerfen sucht, erweist sich mehr und mehr als die Verinnerlichung einer allzu begrenzten Erfahrung; denn die Menschheit hat längst mit dem Experiment der Sicherheit, die niemanden ausschließt, begonnen: von Tag zu Tag verankert sie es fester in ihrem bewußten Interesse. Keiner soll Angst vor jemandem haben, und die Sicherheit der Gesetze verleiht den Individuen ihre Würde. Beccaria hat die entehrenden Folgen der Entscheidungsmacht und Willkür einzelner treffend wahrgenommen. Erst jenseits der Herrschaft sind die Beziehungen der Liebe, ist subjektive Humanität wahrhaft möglich.

Beccaria ist der Begründer der modernen Rechtszivilisation genannt worden. Mögen indessen die meisten seiner Forderungen erfüllt sein: losgelöst von der Gesinnung, der einst sie entsprachen, bleiben sie noch als erfüllte diesseits der Schranke, die zwischen den Menschen und der Menschlichkeit errichtet wurde.

CESARE BECCARIA
ÜBER VERBRECHEN UND STRAFEN

In rebus quibuscumque difficilioribus non expectandum, ut quis simul, et serat, et metat, sed praeparatione opus est, ut per gradus maturescant.
Bacon. Serm. fidel. num. XLV

An den Leser

Einige Reste von Gesetzen eines alten Eroberervolkes, zusammengestellt auf das Geheiß eines Fürsten, der vor zwölfhundert Jahren in Konstantinopel herrschte, in der Folge vermischt mit langobardischen Bräuchen und von unbekannten Auslegern ohne öffentliche Verantwortung in wüste Folianten gepreßt, bilden jene Überlieferung von Ansichten, welche in einem großen Teil Europas nach wie vor den Namen Gesetze trägt; und es ist eine so traurige wie heutigen Tages gewöhnliche Tatsache, daß eine Ansicht Carpzovs,* eine alte Übung, auf die Claro** anspielt, eine mit gehässiger Beifälligkeit von Farinacci*** empfohlene Folterart die Gesetze ausmachen, denen mit sicherer Gelassenheit jene folgen, die nur unter Zittern Leben und Los der Menschen lenken dürften. Diese Gesetze, welche die Abfälle der barbarischesten Zeitalter darstellen, werden in vorliegendem Buch zu jenem Teil untersucht, der das Strafsystem betrifft; und es wird das Wagnis unternommen, den Lenkern des öffentlichen Glücks die Fehlleistungen dieser Gesetze in einem

---

* Benedikt Carpzov (1595-1666), deutscher Rechtsgelehrter. Er hat bei zwanzigtausend Todesurteilen, meist in Hexenprozessen, mitgewirkt; die Bibel, so rühmte er sich, hat er dreiundfünfzigmal vollständig gelesen.

** Giulio Claro (1525–1575), italienischer Rechtsgelehrter.

*** Prospero Farinacci (1544–1618), Anwalt und Rechtsgelehrter in Rom und wie die beiden Vorgenannten Verfasser von zu ihrer Zeit berühmten Abhandlungen vor allem über die Strafpraxis.

Stile darzulegen, welcher die unaufgeklärte und unruhige Menge fernhält. Die unbefangene Erforschung der Wahrheit, die Unabhängigkeit von den gewöhnlichen Meinungen, in der das Buch geschrieben ist, sind eine Wirkung der milden und aufgeklärten Regierung, unter welcher der Autor lebt. Die großen Monarchen, die Wohltäter der Menschheit, die uns regieren, nehmen die Wahrheit gerne an, denn ein unbekannter Philosoph legt sie kraftvoll und zugleich frei von Fanatismus dar; er wendet sich einzig gegen denjenigen, der, abgestoßen von der Vernunft, allein an Macht und List sich hält; und die gegenwärtigen Mißstände sind für denjenigen, der ihre Umstände genau prüft, eine Satire auf vergangene Zeiten, ein Tadel an ihnen und nicht mehr an diesem Jahrhundert und seinen Gesetzgebern.

Wer mich seiner Kritik würdigen will, möge folglich damit beginnen, das Ziel, dem dieses Werk dient, richtig zu verstehen, ein Ziel, das weit entfernt, die rechtmäßige Herrschaft zu schmälern, ihr vielmehr förderlich sein könnte, wenn mehr als die Gewalt das Denken über die Menschen vermag und wenn durch Milde und Menschlichkeit die Herrschaft vor aller Augen gerechtfertigt ist. Die übelwollenden Kritiken, die gegen dieses Buch veröffentlicht worden sind, beruhen auf verworrenen Begriffen; und sie veranlassen mich, für einen Augenblick meine an den aufgeklärten Leser gerichteten Überlegungen zu unterbrechen, um ein für allemal den Irrtümern eines furchtsamen Eifers oder der Verleumdung durch bösartigen Neid die Tür zu versperren.

Drei Quellen gibt es, aus denen die moralischen und politischen Grundsätze fließen, von welchen die Menschen gelenkt werden: die Offenbarung, das Gesetz der

Natur, die von den Menschen getroffenen Übereinkünfte der Gesellschaft. Man kann die erste mit den beiden anderen in Hinblick auf ihr Hauptziel nicht vergleichen; aber sie gleichen sich darin, daß sie alle drei zum Glück dieses sterblichen Lebens hinführen. Betrachtet man die Beziehungen der letzten, so bedeutet dies nicht, daß man die der beiden ersten ausschließt; wie vielmehr jene, obgleich göttlich und unveränderlich, aus Schuld der Menschen, die einer falschen Religion folgen, und aus willkürlichen Begriffen von Laster und Tugend auf tausend Weisen in ihrem verderbten Bewußtsein verfälscht wurden, so scheint es unumgänglich, von jeder anderen Erwägung gesondert das zu prüfen, was aus bloßer menschlicher Übereinkunft entspringt, sei diese ausdrücklich belegt oder sei sie aus der Notwendigkeit oder dem Nutzen der Gesellschaft erschlossen, ein Gedanke, in dem jede Konfession und jedes System der Moral notwendigerweise übereinkommen müssen; und es wird stets ein löbliches Unternehmen sein, auch die Hartnäckigsten und Ungläubigsten dazu zu zwingen, sich zu den Grundsätzen zu bekennen, welche die Menschen veranlassen, in Gesellschaft zu leben. Es gibt somit drei verschiedene Klassen von Tugend und Laster, die religiöse, die natürliche und die politische. Niemals dürfen diese drei Klassen in Widerspruch miteinander stehen; aber nicht alle Folgerungen und Pflichten, die sich aus der einen ergeben, ergeben sich aus den anderen. Nicht alles was die Offenbarung fordert, fordert das Gesetz der Natur; und nicht alles, was dieses fordert, fordert das bloße Sozialgesetz: aber es ist höchst wichtig, das, was aus dieser Übereinkunft folgert, nämlich aus den ausdrücklichen oder unausgesprochenen Verträgen der Menschen, abzusondern; denn dies ist die Grenze jener Macht, die berechtigterweise zwischen den Menschen geübt werden kann, ohne einen besonderen Auftrag des Höchsten Wesens. Somit kann die Idee der politischen Tugend zu Recht als veränderlich bezeichnet werden; die der natürlichen Tugend wäre immer klar und offenbar, würde die Schwäche und die Leidenschaft der Menschen nicht sie verdunkeln; die der religiösen Tugend ist stets eine und dieselbe, weil unmittelbar von Gott offenbart und von ihm erhalten.

Folglich wäre es ein Irrtum, dem, der von gesellschaftlichen Übereinkünften und ihren Folgen spricht, Grundsätze zuzuschreiben, die entweder dem Gesetz der Natur oder der Offenbarung entgegen wären; denn von diesen spricht er nicht. Es wäre ein Irrtum, jemanden, der vom Zustand des Krieges vor dem der Gesellschaft spricht, im Sinne von Hobbes zu verstehen, nämlich daß es zuvor keine Pflicht und keine Verpflichtung gebe, statt es als eine Tatsache aufzufassen, die aus der Verderbtheit der menschlichen Natur und dem Mangel einer ausdrücklichen Sanktion herrührt. Es wäre ein Irrtum, es einem Schriftsteller anzukreiden, der die Auswirkungen des Gesellschaftsvertrages behandelt, diese nicht vor dem Vertrage selbst anzunehmen.

Die göttliche Gerechtigkeit und die natürliche Gerechtigkeit sind ihrem Wesen nach unveränderlich und beständig, weil das Verhältnis zwischen zwei sich gleichgleibenden Gegenständen stets das gleiche ist; aber die menschliche oder besser politische Gerechtigkeit ist nur das Verhältnis zwischen der menschlichen Tätigkeit und dem wechselnden Zustand der Gesellschaft, und folglich kann auch sie sich verändern im Maße, daß die menschliche Tätigkeit für die Gesellschaft sich als notwendig oder nützlich erweist. Und dies wird nur von demjenigen erkannt, der die komplizierten und äußerst wandelbaren Verhältnisse in den gesellschaftlichen Verbindungen analysiert. Sobald diese wesentlich verschiedenen Prinzipien verwechselt werden, gibt es keine Hoffnung mehr, in den öffentlichen Dingen richtig zu urteilen. Den Theologen kommt es zu, die Grenzen von Recht und Unrecht insofern festzustellen, als dies die innere Bosheit oder Güte einer Handlung betrifft; die Beziehungen von politischem Recht und Unrecht auszumachen, das heißt des Nutzens oder des Schadens für die Gesellschaft, ist Sache des Publizisten; und kein Gegenstand kann jemals dem anderen Abbruch tun, da ein jeder sieht, wie sehr die bloß politische Tugend vor der von Gott ausgehenden unveränderlichen Tugend zurücktreten muß.

Wer, ich wiederhole es, mich mit seiner Kritik ehren will, möge also nicht damit beginnen, mir Grundsätze zu unterstellen, welche Tugend oder Religion zerstören, während ich doch gerade bewiesen habe, dies könnten meine Grundsätze nicht sein; und statt mich für ungläubig oder aufrührerisch zu erklären, trachte er besser danach, mich als einen schlechten Logiker und wenig umsichtigen Politiker zu erweisen; er möge nicht bei jedem Satze zittern, der für die Interessen der Menschheit sprechen will; er überführe mich entweder der Nutzlosigkeit oder des politischen Schadens, der aus meinen Grundsätzen hervorgehen könnte, und zeige mir den Vorteil der üblichen Praxis. Ich habe ein öffentliches Zeugnis meiner Religion und der Ergebenheit für meinen Souverän in der Antwort auf die *Notizen und Bemerkungen** abgelegt; wei-

* Die *Note ed osservazioni sul libro intitolato Dei delitti e delle pene* erschie-

teren diesen ähnlichen Schriften zu antworten wäre überflüssig. Wer indessen mit jenem Anstand schreibt, der ehrbaren Menschen zukommt, und mit jener Aufgeklärtheit, die mich vom Nachweis der ersten Prinzipien befreit, wird in mir, welcher Art immer die Entgegnungen sein mögen, nicht sowohl einen Menschen finden, der auf eine Antwort versessen ist, als vielmehr einen friedlichen Liebhaber der Wahrheit.

---

nen im Jahre 1765 in Venedig. Ihr Verfasser war Ferdinando Facchinei, ein Vallombrosaner Mönch. Die Freunde Beccarias Alessandro und Pietro Verri veröffentlichten unverzüglich eine den Autor verteidigende anonyme Gegenschrift, auf die Beccaria sich hier beruft.

Einleitung

Meistens überlassen die Menschen die wichtigsten Regelungen der Alltagsklugheit oder der Urteilskraft jener, in deren Interesse es liegt, sich gegen wirklich weise Gesetze zu sträuben. Solche Gesetze nämlich würden ihrer Natur nach den Nutzen universell machen und jener Kraft entgegenwirken, die den Nutzen auf wenige zu beschränken sucht, indem sie die Summe der Macht und des Glücks der einen Seite zuteilt und der anderen alles Leiden und alles Elend. Nur nach dem Durchgang durch tausend Irrtümer in den für das Leben und die Freiheit wesentlichen Dingen und erschöpft durch das Erleiden von Übeln, die bis zum äußersten gedeihen, werden die Menschen zur Heilung der Unordnung, die sie bedrückt, und zur Anerkennung der greifbarsten Wahrheiten gebracht, die eben durch ihre Einfachheit dem gewöhnlichen Verstande entgehen; denn dieser ist nicht gewöhnt, die Gegenstände zu analysieren, sondern die Eindrücke davon als ein Ganzes aufzunehmen, mehr auf die Überlieferung als auf die eigene Prüfung sich verlassend.

Öffnen wir die Bücher der Geschichte, so werden wir sehen, daß die Gesetze, welche Verträge freier Menschen sind oder es doch sein sollten, meistens nur das Werkzeug der Leidenschaften einiger weniger waren oder aus zufälliger und vorübergehender Notwendigkeit hervorgegangen sind und daß sie nie das Werk eines nur seinem Gegenstand verpflichteten Erforschers der menschlichen Natur waren, der in einem einzigen Punkt die Handlungen einer Vielzahl von Menschen zusammengefaßt und sie unter diesem Gesichtspunkt betrachtet hätte: *das größte Glück verteilt auf die größte Zahl von Menschen*. Glücklich sind jene Nationen, wenn es deren gibt, die nicht darauf warten, daß die langsame Bewegung der menschlichen Kombinationen und Wechselfälle auf ein Äußerstes an Übel hin die Wendung zum Besseren folgen lasse, sondern den Übergang zum Besseren durch gute Gesetze beschleunigen; und die Dankbarkeit der Menschen verdient jener Philosoph, der den Mut hatte, aus seinem verborgenen und unbeachteten Studierzimmer den ersten lange Zeit unfruchtbaren Samen der nützlichen Wahrheiten unter die Menge zu streuen.

Die wahren Beziehungen zwischen dem Herrscher und den Untertanen sowie zwischen den verschiedenen Nationen sind jetzt bekannt; der geistige Austausch belebte sich angesichts der durch den Buchdruck verbreiteten philosophischen Wahrheiten, und zwischen den Nationen entspann sich ein verschwiegener Krieg des Fleißes, der humanste und vernünftigen Menschen würdigste. Dies sind Früchte, welche wir dem Lichte dieses Jahrhunderts verdanken; aber nur sehr wenige haben die Grausamkeit der Strafen und die Regellosigkeit der Strafverfahren untersucht und bekämpft, jenes so wichtigen und ebenso in fast ganz Europa vernachlässigten Teils der Gesetzgebung. Nur wenige sind auf die allgemeinen Grundsätze zurückgegangen und haben die seit Jahrhunderten anstehenden Irrtümer zunichte gemacht, indem sie wenigstens durch jene einzige Kraft, die in der erkannten Wahrheit liegt, den allzu freien Lauf der schlecht gelenkten Gewalt zügelten, welche bislang ein dauerndes und mit Autorität umkleidetes Beispiel von kalter Grausamkeit gegeben hat. Und doch hätten die Seufzer der Schwachen, die grausamer Unwissenheit und reicher Bequemlichkeit geopfert wurden, die barbarischen Qualen, deren Zahl mit überflüssiger und nutzloser Strenge für entweder nicht bewiesene oder bloß eingebildete Verbrechen ständig vermehrt wurde, die Trübsal und der Schrecken eines Gefängnisses, gesteigert durch die grausamste Qual der Elenden, nämlich die Ungewißheit, wenigstens jene Amtspersonen erschüttern müssen, die für die Meinung der Menschen tonangebend sind.

Der unsterbliche Präsident von Montesquieu ist über diesen Gegenstand rasch hinweggegangen. Mich hat die unteilbare Wahrheit gezwungen, den leuchtenden Spuren jenes großen Mannes nachzugehen; doch werden die denkenden Menschen, für die ich schreibe, meine Schritte von den seinen zu unterscheiden wissen. Glücklich preise ich mich, wenn ich wie er den stillen Dank der unbekannten und friedfertigen Anhänger der Vernunft ernten und wenn ich jenen süßen Schauer erregen kann, mit dem die empfindsamen Seelen demjenigen antworten, welcher für die Interessen der Menschheit sich einsetzt!

I · *Ursprung der Strafen* · Die Gesetze sind die Bedingungen, unter denen unabhängige und isolierte Menschen sich in Gesellschaft zusammenfanden, Menschen, die es müde waren, in einem ständigen Zustand des Krieges zu leben und eine infolge der Ungewißheit ihrer Bewahrung unnütz gewordene Freiheit zu genießen. Sie opferten davon einen Teil, um des Restes in Sicherheit und Ruhe sich zu erfreuen. Die Summe aller dieser Teile von Freiheit, welche für das Wohl eines jeden geopfert wurden, macht die Souveränität einer Nation aus, und der Herrscher ist ihr gesetzmäßiger Wahrer und Verwalter. Aber dieses Verwahrnis einzurichten genügte nicht, man mußte es vielmehr im einzelnen Falle gegen die private Anmaßung eines jeden Menschen verteidigen, welcher immerdar von dem, was er in Verwahrung gegeben hat, nicht nur den eigenen Anteil zurückzunehmen, sondern auch des der anderen sich zu bemächtigen sucht. Man wollte fühlbare und hinreichende Motive haben, um den despotischen Geist eines jeden Menschen davor zu warnen, die Gesetze der Gesellschaft im vormaligen Chaos wieder untergehen zu lassen. Diese fühlbaren Motive sind die Strafen, die über den Gesetzesbrecher verhängt wurden. Ich sage: *fühlbare Motive*, weil die Erfahrung einsichtig gemacht hat, daß die Menge nur dann feste Grundsätze der Lebensführung annimmt und nur dann von jenem universellen Prinzip der Auflösung sich fernhält, welches sich in der ganzen physischen und moralischen Welt beobachten läßt, wenn es Motive gibt, die unmittelbar die Sinne treffen und unablässig auf den Geist einwirken, um die starken Antriebe der partiellen Leidenschaften auszugleichen, die dem Gesamtwohl zuwider sind: weder Beredsamkeit noch ständiges Predigen, nicht einmal die erhabensten Wahrheiten reichen hin, um auf die Dauer die Leidenschaften zu bändigen, die vom lebhaften Eindruck eines in Reichweite liegenden Gegenstandes erregt werden.

II · *Das Recht zum Strafen* · Jede Strafe, die nicht aus unausweichlicher Notwendigkeit folgt, sagt der große Montesquieu, ist tyrannisch; ein Satz, der wie folgt sich verallgemeinern läßt: jeder Akt der Herrschaft eines Menschen über einen Menschen, der nicht aus unausweichlicher Notwendigkeit folgt, ist tyrannisch. Dies also ist es, worauf das Recht des Herrschers zur Bestrafung von Verbrechen gegründet ist: auf die Notwendigkeit, das Verwahrnis des öffentlichen Wohls gegen partikulare Anmaßung zu verteidigen; und um so gerechter sind die Strafen, je heiliger und unverletzlicher die Sicherheit und je größer die Freiheit ist, welche der Herrscher für die Untertanen wahrt. Ziehen wir das Menschenherz zu Rate, so werden wir in ihm die Grundprinzipien des wahren Rechts des Herrschers zur Bestrafung von Verbrechen finden; denn kein dauernder Vorteil ist von der moralischen Politik zu erhoffen, wenn er sich nicht auf die unzerstörbaren Empfindungen des Menschen gründet. Welches Gesetz auch immer von diesen abweicht, stets wird es auf einen ihm entgegenwirkenden Widerstand treffen, der schließlich den Sieg davonträgt; und zwar in der Weise, daß eine wenn auch geringe Kraft, ist sie nur lange genug wirksam, jedwede starke Bewegung, die einem Körper mitgeteilt wird, überwindet.

Kein Mensch hat freiwillig einen Teil der eigenen Freiheit im Hinblick auf das öffentliche Wohl dahingegeben; ein solches Hirngespinst gibt es nur in Romanen. Wäre es möglich, so würde vielmehr ein jeder von uns wollen, daß die Verträge, welche die anderen binden, uns nicht bänden. Jeder Mensch macht sich zum Zentrum aller Kombinationen der ganzen Erde.

Die Vermehrung des Menschengeschlechts, an sich gering, doch vielmals größer als die Mittel, welche die unfruchtbare und sich selbst überlassene Natur zur Befriedigung der immer mehr miteinander verflochtenen Bedürfnisse bot, vereinigte die ersten Wilden. Die ersten Zusammenschlüsse zogen notwendigerweise die der anderen nach sich, um gegen erstere sich zu behaupten, und so ging der Kriegszustand vom Individuum auf die Nation über.

Es war somit die Notwendigkeit, welche die Menschen zur Dahingabe eines Teils der eigenen Freiheit zwang; demnach ist es gewiß, daß ein jeder nur den geringstmöglichen Teil seiner Freiheit in das öffentliche Verwahrnis einbringen will, nur so viel, wie hinreicht, um die anderen dazu zu bringen, auch ihn zu schützen. Die Gesamtheit dieser geringstmöglichen Teile macht das Recht zum Strafen aus; alles darüber hinaus ist Mißbrauch und nicht Gerechtigkeit; ist bloße Tatsache, aber nicht schon Recht. Man beachte, daß das Wort *Recht* dem Wort *Macht* nicht widerspricht; vielmehr ist das erste eine Modifikation des zweiten, und zwar die für die größte Zahl nützlichste Modifikation. Unter Gerechtigkeit verstehe ich nichts anderes als das unvermeidliche Band, um die partikularen Interessen vereint zu halten, welche sonst in den vormaligen Zustand der Ungeselligkeit zurückfallen würden. Alle Strafen, welche die Notwendigkeit der Wahrung dieses Bandes überschreiten, sind ihrer Natur nach ungerecht. Man muß sich davor hüten, an das Wort *Gerechtigkeit* den Gedanken irgendeiner wirklich vorhandenen Sache zu knüpfen, wie den einer natürlichen Kraft oder den eines existenten Wesens; es ist dies eine schlichte Weise des menschlichen Begreifens, eine Weise, die einen unbegrenzten Einfluß auf das Glück eines jeden Menschen hat. Noch weniger verstehe ich darunter jene andere Art der Gerechtigkeit, die von Gott ausgegangen ist und in unmittelbarer Beziehung zu den Strafen und den Belohnungen des zukünftigen Lebens steht.

III · *Folgerungen* · Die erste Folgerung aus diesen Grundsätzen ist, daß allein die Gesetze die Strafe für die Verbrechen bestimmen können, und diese Befugnis kann nur dem Gesetzgeber zustehen, der die gesamte durch einen Gesellschaftsvertrag vereinigte Gesellschaft repräsentiert; kein Beamter kann, denn auch er ist Teil der Gesellschaft, gerechterweise über ein anderes Mitglied der Gesellschaft, der er angehört, Strafen verhängen. Aber eine über das vom Gesetz bestimmte Maß hinausgehende Strafe ist eine gerechte Strafe zuzüglich einer weiteren Strafe; daher darf ein Beamter, unter welchem Vorwand des Eifers oder des öffentlichen Wohls es auch sei, die für einen verbrecherischen Bürger festgesetzte Strafe nicht erhöhen.

Die zweite Folgerung besteht darin, daß, wenn jedes einzelne Glied mit der Gesellschaft verbunden ist, diese gleicherweise mit jedem einzelnen Glied durch einen Vertrag verbunden ist, der seiner Natur nach beide Teile verpflichtet. Diese Verpflichtung, welche vom Thron bis zur Hütte reicht und in gleicher Weise den größten und den elendesten unter den Menschen bindet, bedeutet nichts anderes, als daß es das Interesse aller ist, die für die größte Zahl nützlichen Verträge zu achten. Die Verletzung auch nur eines einzigen ist der erste Schritt zur Anarchie. Der Souverän, der die Gesellschaft selber repräsentiert, kann nur allgemeine, alle Mitglieder verpflichtende Gesetze geben; aber er kann nicht bereits darüber urteilen, ob jemand den Gesellschaftsvertrag verletzt hat. Sonst würde nämlich die Nation sich in zwei Teile spalten, der eine verteten vom Souverän, welcher die Verletzung des Vertrages behauptet, und der andere vom Angeklagten, der diese Verletzung bestreitet. Es ist somit nötig, daß ein Dritter über die Wahrheit des Sachverhalts befindet. So also ergibt sich die Notwendigkeit einer Behörde, deren Entscheidungen keine Berufung zulassen und in bloßer Behauptung oder Verneinung von Einzeltatsachen bestehen.

Die dritte Folgerung ist: sollte es erweisbar sein, die Härte der Strafen wäre, wenn nicht unmittelbar dem öffentlichen Wohl und dem Zweck, der in der Verhinderung der Verbrechen besteht, zuwider, sondern lediglich unnütz, auch dann stünde sie nicht allein jenen wohltätigen Tugenden entgegen, welche die Wirkung einer erleuchteten Vernunft sind, einer Vernunft, die lieber glückliche Menschen unter ihrem Befehl hat als eine Herde von Sklaven, in welcher furchtsame Härte stets ihr Unwesen treibt, sondern sie verstieße zugleich gegen die Gerechtigkeit und die Natur des Gesellschaftsvertrags selber.

IV · *Auslegung der Gesetze* · Eine vierte Folgerung. Nicht einmal die Befugnis, das Strafgesetz auszulegen, kann bei den Strafrichtern beruhen, und zwar aus dem Grunde, weil sie nicht Gesetzgeber sind. Die Richter haben die Gesetze von unseren Voreltern nicht als eine häusliche Überlieferung und ein Vermächtnis überkommen, das den Nachfahren nur die Sorge für den Gehorsam gelassen hätte; sondern sie empfangen sie von der gegenwärtig lebenden Gesellschaft oder von dem diese repräsentierenden Souverän als dem legitimen Verwalter des gegenwärtigen Ergebnisses des Willens aller. Sie empfangen sie nicht einer Verpflichtung durch einen ehedem geschworenen Eid gleich, der nichtig wäre, weil er einen noch nicht vorhandenen Willen bände, ungerecht, weil er die Menschen aus dem Stand der Gesellschaft in den Stand eines Haufens zurückführen würde. Vielmehr empfangen sie die Gesetze als die Wirkungen eines stillschweigend vorausgesetzten oder ausdrücklichen Eides, den der vereinigte Wille der lebenden Untertanen dem Souverän geleistet hat; als die notwendigen Fesseln zur Zügelung und Lenkung der den einzelnen Interessen innewohnenden Begehrlichkeit. Darin besteht die physische und wirkliche Autorität der Gesetze. Wer somit wird der legitime Interpret des Gesetzes sein? Der Souverän, das heißt der Hüter des gegenwärtigen Willens aller, oder der Richter, dessen Amt es allein ist, zu prüfen, ob ein bestimmter Mensch eine wider die Gesetze verstoßende Handlung begangen hat oder nicht?

Bei jedem Verbrechen hat der Richter einen vollkommenen Syllogismus zu vollziehen: den Obersatz bildet das allgemeine Gesetz, den Untersatz die mit dem Gesetz übereinstimmende oder nicht übereinstimmende Handlung; die Schlußfolgerung muß in Freispruch oder Strafe bestehen. Zieht der Richter gezwungen oder freiwillig auch nur einen Schluß mehr, so wird der Ungewißheit Tür und Tor geöffnet.

Es gibt nichts Gefährlicheres als jenes verbreitete Axiom, daß man den Geist des Gesetzes zu Rate ziehen müsse. Das stellt einen Damm dar, der unter der Strömung bloßer Meinungen bricht. Diese Wahrheit, die dem gewöhnlichen Geist paradox scheint, der stärker von einer kleinen doch gegenwärtigen Ordnungslosigkeit sich erschüttern läßt als von den verhängnisvollen doch entfernten Folgen eines in der Nation verwurzelten falschen Grundsatzes, halte ich für bewiesen. Unsere Kenntnisse und alle unsere Ideen sind miteinander verknüpft; je vielfältiger sie sind, desto zahlreicher sind die Wege, die zu ihnen hinführen und von ihnen ausgehen. Ein jeder Mensch hat seinen Gesichtspunkt, und dieser ist anders zu anderer Zeit. Der Geist des Gesetzes wäre folglich das Ergebnis der guten oder schlechten Logik eines Richters, er wäre von dessen guter oder schlechter Verdauung abhängig, von der Stärke seiner Leidenschaften, der Schwäche des Angeklagten, von den Beziehungen des Richters zu dem Verletzten und von all den kleinsten Kräften, welche den Anschein eines jeden Gegenstandes im unsteten Herzen des Menschen verändern. Deshalb sehen wir ja auch, wie das Los eines Mitbürgers oft von einem Gerichtshofe zum anderen wechselt und wie das Leben der Unglücklichen falschen Schlüssen oder dem augenblicklichen Unmut eines Richters zum Opfer fällt, der das unklare Ergebnis der wirren Abfolge von Begriffen, die seinen Geist beschäftigen, für die vom Gesetz gebotene Auslegung hält. Daher sehen wir, wie dieselben

Verbrechen vom selben Gericht zu verschiedener Zeit verschieden bestraft werden, da dieses nicht die feste Stimme des Gesetzes befragt, sondern sich an die irrende Unstetigkeit der Auslegungen gehalten hat.

Ein Mißstand, der aus der strengen Beachtung des Buchstabens eines Strafgesetzes herrührt, ist nicht mit dem Übel zu vergleichen, das aus der Auslegung entsteht. Die mit jener verbundene augenblickliche Unzuträglichkeit treibt vielmehr zur leichten und notwendigen Verbesserung am Wortlaut des Gesetzes an, auf dem die Ungewißheit beruht. Aber diese Unzuträglichkeit verhindert zugleich die unheilvolle Freiheit der Auslegung, aus der die willkürlichen und käuflichen Widersprüche entstehen. Wenn eine feststehende Sammlung von Gesetzen, die buchstäblich beachtet werden sollen, dem Richter keine andere Zuständigkeit läßt als die Prüfung der Handlung der Staatsbürger und das Urteil darüber, ob sie mit dem geschriebenen Gesetz übereinstimmt oder nicht, wenn die Norm für Recht und Unrecht, welche die Handlungen des ungebildeten Bürgers ebenso wie dessen, der ein Philosoph ist, leiten soll, nicht eine Sache der Kontroverse, sondern des Tatbestands ist, dann sind die Untertanen nicht den kleinen Akten der Tyrannei vieler preisgegeben, die um so grausamer sind, je geringer der Abstand zwischen dem, der leidet, und dem, der leiden läßt, ist, und die verhängnisvoller sind als die eines einzelnen, weil dem Despotismus vieler nur durch den eines einzelnen abgeholfen werden kann. Zudem entspricht die Grausamkeit eines Despoten nicht seiner Macht, sondern dem Maß des Widerstands, auf den er trifft. Auf diese Weise erreichen die Bürger jene Sicherheit ihrer selbst, die gerecht ist, weil sie den Zweck darstellt, um dessentwillen die Menschen in Gesellschaft leben, und die nützlich ist, weil sie sie in den Stand setzt, die mit einer Missetat verbundenen Nachteile genau zu berechnen. Es ist ebenso wahr, daß sie so einen Geist der Unabhängigkeit erwerben werden, der freilich nicht die Gesetze erschüttert und den hohen Behörden entgegenwirkt, wohl jedoch denjenigen, die sich vermessen, mit dem heiligen Namen der Tugend das schwächliche Zurückweichen vor den eigenen interessierten oder launischen Ansichten zu benennen. Diese Grundsätze werden denen mißfallen, die sich das Recht angemaßt haben, die Niedrigergestellten die Schläge der Tyrannei der Höhergestellten entgelten zu lassen. Ich hätte alles zu befürchten, wenn der Geist der Tyrannei mit der Freude am Lesen vereinbar wäre.

V · *Unverständlichkeit der Gesetze* · Wenn die Auslegung der Gesetze ein Übel ist, so ist augenscheinlich ihre Unverständlichkeit ein anderes, das notwendig die Auslegung nach sich zieht; und dieses Übel wird am größten sein, wenn die Gesetze in einer dem Volke fremden Sprache geschrieben sind, wodurch das Volk von einigen wenigen abhängig wird; denn es kann nicht von selbst befinden, wie es mit seiner Freiheit oder der Freiheit derer, die ihm angehören, steht, wenn dies von einer Sprache abhängt, die aus einem amtlichen und öffentlichen Buch ein gleichsam privates und unzugängliches macht. Was sollen wir von den Menschen denken, wenn wir uns bewußt machen, daß dies der eingefleischte Brauch eines guten Teils des gebildeten und aufgeklärten Europas ist! Je größer die Zahl jener sein wird, die das unantastbare Buch der Gesetze verstehen und es in Händen haben, desto weniger häufig werden die Verbrechen sein; denn zweifellos fördern die Unwissenheit und die Ungewißheit im Hinblick auf die Strafen die Überredungskunst der Leidenschaften.

Aus diesen letzten Überlegungen ergibt sich, daß eine Gesellschaft niemals ohne die Schrift eine feste Regierungsform annehmen wird, bei der die Macht eine Wirkung des Ganzen und nicht der Teile ist und bei der die Gesetze, die nur der allgemeine Wille abändern kann, nicht durch die Mitsprache einer Menge privater Interessen verdorben werden. Erfahrung und Vernunft haben uns gezeigt, daß die Wahrscheinlichkeit und die Zuverlässigkeit der menschlichen Überlieferung in dem Maße abnehmen, wie diese sich von ihrem Ursprung entfernt. Wenn es kein beständiges Denkmal des Gesellschaftsvertrages gibt, wie sollen dann die Gesetze der unausweichlichen Macht der Zeit und der Leidenschaften standhalten?

Hieraus ersehen wir, wie nützlich der Buchdruck ist: dank seiner sind nicht nur wenige einzelne, sondern die Öffentlichkeit der Verwahrer der unantastbaren Gesetze; er hat jenen finsteren Ungeist der Kabale und Intrige verscheucht, der angesichts von Aufklärung und Wissenschaft sich verflüchtigt, die von den Anhängern jenes Ungeistes scheinbar verachtet, in Wirklichkeit aber gefürchtet werden. Aus keinem anderen Grund beobachten wir, wie in Europa die Grausamkeit der Verbrechen abgenommen hat, über die einst unsere Vorfahren, abwechselnd Unterdrücker oder Unterdrückte, klagten. Wer die Geschichte der letzten zwei oder drei Jahrhunderte und die der Gegenwart kennt, wird feststellen können, wie aus Luxus und Verfeinerung die mildeste Tugend, Menschlichkeit, Wohltätigkeit und Duldsamkeit für menschlichen Irrtum erwuchsen. Er kann sehen, welches die Folgen dessen waren, was zu Unrecht altväterliche Schlichtheit und Biederkeit heißt: wie die Menschheit unter dem unversöhnlichen Aberglauben seufzte, wie die Habgier und der Ehrgeiz weniger die Schatzkammern und Throne der Könige mit Menschenblut färbte, wie heimlicher Verrat geübt, öffentlich Massen von Menschen dahingemordet wurden, wie jeder Adlige ein Unterdrücker des Volkes war, und die Diener der evangelischen Wahrheit sich die Hände mit Blut befleckten, die jeden Tag den Gott der Sanftmut berührten: und alles dies ist eben nicht das Werk dieses aufgeklärten Jahrhunderts, das manche verderbt nennen.

VI · *Das Verhältnis zwischen Verbrechen und Strafe* · Das gemeinsame Interesse der Menschen besteht nicht nur darin, daß keine Verbrechen begangen werden, sondern daß sie auch desto seltener werden, je größer das Übel ist, das sie der Gesellschaft zufügen. Daher müssen die Hindernisse, welche die Menschen vor Verbrechen zurückschrecken lassen, um so stärker sein, je mehr ein Verbrechen das öffentliche Wohl gefährdet und je heftiger die Versuchung ist, die zum Verbrechen treibt. Es muß also ein bestimmtes Verhältnis zwischen Verbrechen und Strafe bestehen.

Es ist unmöglich, im universellen Streit der menschlichen Leidenschaften jede Unordnung zu vermeiden. Sie nimmt vielmehr mit der Bevölkerung und der innigeren Verflechtung der einzelnen Interessen zu; und man kann die letzteren unmöglich auf mathematische Weise der Allgemeinheit nutzbar machen. An die Stelle der mathematischen Genauigkeit muß in der politischen Arithmetik der Wahrscheinlichkeitskalkül treten. Blickt man in die Geschichte, so sieht man die Unordnung mit den Grenzen der Reiche zunehmen; und da im gleichen Verhältnis das Nationalgefühl* abnimmt, so wächst der Antrieb zum Verbrechen mit dem Interesse, das ein jeder an der Unordnung gewinnt: folglich wird die Notwendigkeit zur Verschärfung der Strafen aus diesem Grunde immer größer.

Jene der Schwere ähnliche Kraft, die uns nach unserem Wohlbefinden streben heißt, wird nur im Maße der Hindernisse, die ihr entgegenstehen, gezügelt. Die Wirkungen dieser Kraft bestehen in der wirren Abfolge der menschlichen Handlungen: wenn diese aufeinanderstoßen und in Gegensatz zueinander geraten, so hindern die Strafen, die ich am liebsten als *politische Hemmungen* bezeichnen würde, nur die übliche Wirkung, ohne die antreibende Ursache zu zerstören, die nichts anderes darstellt als die vom Menschen unabtrennbare Empfindsamkeit; und der Gesetzgeber verfährt so wie ein geschickter Architekt, dessen Aufgabe es ist, nur der zerstörenden Richtung der Schwerkraft entgegenzuwirken und deren übrige Richtungen, die zur Festigkeit des Bauwerkes beitragen, zusammenzufassen.

Ist die Notwendigkeit der Vereinigung der Menschen und sind die Verträge gegeben, welche notwendigerweise aus dem Widerstreit der Einzelinteressen entspringen, so findet man eine Stufenleiter von Störungen, bei

---

* Es meint dies, dem Sprachgebrauch des achtzehnten Jahrhunderts zufolge, nichts anderes als das Gefühl der Zusammengehörigkeit der Menschen innerhalb welchen Territoriums auch immer.

der die oberste Stufe aus denjenigen besteht, welche unmittelbar zur Zerstörung der Gesellschaft führen, während die unterste das geringstmögliche Unrecht, das einem einzelnen Mitglied der Gesellschaft zugefügt wird, einnimmt. Innerhalb dieser Endstufen liegen sämtliche gegen das öffentliche Wohl gerichteten Handlungen, die man Verbrechen nennt und die in kaum merklicher Abstufung vom Erhabenen bis hinab zum Niedrigsten reichen. Wenn die Mathematik auf die unzähligen und unbekannten Kombinationen der menschlichen Handlungen anwendbar wäre, so müßte es eine entsprechende Stufenfolge von Strafen geben, und sie müßte von der schwersten bis zur leichtesten hinabreichen. Doch wird es dem weisen Gesetzgeber genügen, deren Hauptpunkte zu bezeichnen, ohne dabei die rechte Ordnung zu verletzen, und er würde dabei nicht auf die Verbrechen der obersten Stufe die Strafen der untersten setzen. Gäbe es eine exakte und umfassende Stufenfolge der Verbrechen und Strafen, so stünde uns annäherungsweise ein allgemeingültiges Maß für den Grad der Tyrannei und Freiheit, für das Vorhandensein von Menschlichkeit oder Bosheit innerhalb der verschiedenen Nationen zur Verfügung.

Keine innerhalb der beiden vorgenannten Grenzen nicht einbegriffene Handlung kann als *Verbrechen* bezeichnet oder als solches bestraft werden, es sei denn von jenen, die daran interessiert sind, sie so zu nennen. Die Ungewißheit dieser Grenzen hat bei den verschiedenen Nationen eine Moral hervorgebracht, die im Widerspruch zur Gesetzgebung steht. Andere Folgen waren, daß neuere Gesetzgebungen die Eigenschaft haben, einander auszuschließen, und daß es eine Fülle von Gesetzen gibt, welche selbst den Bravsten härtester Strafe aussetzen; und deshalb sind die Namen *Laster* und *Tugend* vage und unbestimmt, deshalb ist die persönliche Existenz unsicher geworden, was wiederum die Lethargie und den dann freilich schicksalhaften Schlaf des politischen Körpers zur Folge hat. Wer mit philosophischem Blick die Gesetzbücher der Nationen und ihre Annalen liest, wird stets fast die Namen *Laster* und *Tugend*, den des *guten Bürgers* oder des *Schuldigen* mit den Umwälzungen der Jahrhunderte die Bedeutung wechseln sehen, und zwar nicht infolge der Veränderungen, welche in den Verhältnissen der Länder vor sich gingen, in welchem Falle die Übereinstimmung mit dem allgemeinen Interesse stets gewahrt worden wäre, sondern infolge der Leidenschaften und Irrtümer, welche einander ablösend die verschiedenen Gesetzgeber bewegt haben. Er wird sehr oft feststellen, daß die Leidenschaften des einen Jahrhunderts die Grundlage für die Moral der folgenden abgeben und daß die starken Leidenschaften, Töchter des Fanatismus und der Begeisterung, geschwächt und, so möchte ich sagen, von der alle physischen und moralischen Erscheinungen ausgleichenden Zeit abgenutzt, nach und nach zur Klugheit des nächsten Jahrhunderts und zum nützlichen Werkzeug in der Hand des starken und klugen Menschen werden. Auf diese Weise entstanden die sehr dunklen Begriffe von Ehre und Tugend, und dunkel sind sie stets noch, weil sie mit den Umwälzungen der Zeit sich verändern, welche die Namen die Dinge überleben läßt. Sie verändern sich mit den Flüssen und den Gebirgen,* die recht oft

---

* Damit ist die von Pascal in den *Pensées* so eindringlich dargestellte Abhängigkeit der Moral von geographischen Tatsachen gemeint.

die Grenzen nicht nur für die physische, sondern auch für die moralische Geographie abgeben.

Wenn Lust und Schmerz die Antriebe der empfindsamen Wesen sind, wenn unter die Motive, welche die Menschen selbst zu den erhabensten Handlungen antreiben, von dem unsichtbaren Gesetzgeber Lohn und Strafe aufgenommen worden sind, so wird aus der unrechten Austeilung derselben jener desto unerkanntere, je verbreitetere Widerspruch entstehen, daß die Strafen die Verbrechen sühnen, die sie haben entstehen lassen. Wenn eine gleiche Strafe für zwei Verbrechen, die in verschiedenartiger Weise gegen die Gesellschaft verstoßen, gilt, so werden die Menschen kein stärkeres Hindernis finden, um das schwerere Verbrechen zu begehen, falls sie einen größeren Vorteil damit verbunden sehen.

VII · *Irrtümer im Maß der Strafen* · Die vorhergehenden Überlegungen geben mir das Recht zu der Behauptung, daß der einzige richtige Maßstab der Verbrechen in dem der Nation zugefügten Schaden besteht; und es irren somit diejenigen, die den richtigen Maßstab der Verbrechen in der Absicht dessen, der sie begeht, vermuten. Die Absicht hängt von dem augenblicklichen Eindruck der Umstände und von der diesem vorhergehenden Disposition des Geistes ab: beides wechselt bei allen Menschen und bei einem jeden einzelnen von ihnen mit der so raschen Abfolge der Vorstellungen, der Leidenschaften und der Umstände. Es wäre dann nötig, nicht nur ein besonderes Gesetzbuch für einen jeden Bürger abzufassen, sondern auch ein neues Gesetz für jedes Verbrechen. Manchmal fügen die Menschen mit der besten Absicht der Gesellschaft den größten Schaden zu; und das andere Mal tun sie mit dem schlechtesten Willen das beste für sie.

Andere bewerten die Verbrechen eher nach der Würde der betroffenen Person als nach der Bedeutung des Verbrechens für das öffentliche Wohl. Wäre dies der wahre Maßstab der Verbrechen, so müßte eine Unehrerbietigkeit gegen das Höchste Wesen schwerer bestraft werden als die Ermordung des Monarchen; denn die höhere Natur wäre ein unendlicher Ausgleich für den Unterschied in der Art der Verletzung.

Schließlich sind einige der Meinung, daß die Schwere der Sünde bei der Abwägung des Verbrechens berücksichtigt werden müsse. Die Falschheit dieser Ansicht wird demjenigen sogleich klar sein, der unparteiisch die wahren Beziehungen zwischen den Menschen und zwischen den Menschen und Gott prüft. Jene sind Beziehungen der Gleichheit. Aus schierer Notwendigkeit ist aus dem Zusammenprall der Leidenschaften und dem Gegensatz der Interessen die Idee des gemeinen Nutzens hervorgegangen, welche die Grundlage der menschlichen Gerechtigkeit ist. Die Beziehungen zwischen den Menschen und Gott indessen sind solche der Abhängigkeit von einem vollkommenen Wesen und einem Schöpfer, der sich allein das Recht vorbehalten hat, gleichzeitig Gesetzgeber und Richter zu sein, weil er allein es, ohne Schaden anzurichten, sein kann. Wenn er ewige Strafen für den seiner Allmacht Ungehorsamen festgesetzt hat, welche Kreatur würde da sich an die Stelle der göttlichen Gerechtigkeit zu setzen wagen, wer dem sich selbst genügenden Wesen Genugtuung verschaffen wollen, das von den Dingen keinen Eindruck der Lust oder des Schmerzes empfangen kann und somit allein unter allen Wesen aus eigener, nicht fremder Veranlassung handelt? Die Schwere der Sünde hängt von der unerforschlichen Bosheit des Herzens ab. Sie ist für ein endliches Wesen ohne eine besondere Offenbarung nicht erkennbar. Wie also soll man aus ihr die Norm für die Bestrafung des Verbrechens gewinnen können? In diesem Falle könnte sich ergeben, daß die Menschen bestrafen, wo Gott verzeiht, und verzeihen, wo Gott straft. Wenn die Menschen dem Allmächtigen widersprechen können, indem sie ihn beleidigen, so können sie es auch, indem sie strafen.

VIII · *Einteilung der Verbrechen* · Wir haben gesehen, wonach die Verbrechen bemessen werden sollen, nämlich *nach dem der Gesellschaft zugefügten Schaden.* Dies ist eine jener naheliegenden Wahrheiten, die, obgleich sie weder eines Quadranten noch eines Fernrohrs zu ihrer Auffindung bedürfen, sondern jedem auch nur mittelmäßigen Verstande zugänglich sind, dennoch infolge einer merkwürdigen Verflechtung von Umständen mit entschlossener Sicherheit nur von einigen wenigen denkenden Menschen, die es in jeder Nation und in jedem Jahrhundert gibt, erkannt werden. Aber durch die Ansichten Asiens, durch die von Autorität und Macht umkleideten Leidenschaften wurden, in den meisten Fällen aus kaum nachweisbarem Antrieb und in einigen wenigen infolge übermächtiger Einwirkung auf die furchtsame Leichtgläubigkeit der Menschen, die einfachen Begriffe zunichte, aus denen vermutlich die erste Philosophie der im Entstehen begriffenen Gesellschaften bestanden hat und zu denen das Licht dieses unseres Jahrhunderts allem Anschein nach uns, gefestigter freilich, zurückführt, da uns heute die mathematisch strenge Nachprüfung, eine tausendfache schlimme Erfahrung und schließlich auch die Hindernisse, die wir zu überwinden haben, zu Diensten sind. In diesem Zusammenhang wären hier die verschiedenen Arten von Verbrechen und die Art ihrer Bestrafung zu unterscheiden und zu prüfen, würde nicht die infolge der mannigfachen Umstände von Zeit und Ort veränderliche Natur derselben uns zu unabsehbaren und ermüdenden Einzelheiten nötigen. Deshalb will ich mich damit begnügen, die allgemeineren Grundsätze und die verderblichsten wie verbreitetsten Irrtümer zu nennen, um sowohl denen den rechten Weg zu weisen, die aus falsch verstandener Liebe zur Freiheit die Anarchie einführen möchten, als auch jenen anderen, die die Menschen am liebsten auf eine klösterliche Regelhaftigkeit beschränken würden.

Einige Verbrechen zerrütten unmittelbar die Gesellschaft, oder sie treffen den, der sie repräsentiert; einige verstoßen gegen die private Sicherheit eines einzelnen Bürgers, indem sie sein Leben, sein Eigentum oder seine Ehre verletzen; einige andere sind dem zuwider, was ein jeder nach dem Gesetz im Hinblick auf das öffentliche Wohl zu tun oder zu lassen hat. Die ersten, welche die schwersten, weil schädlichsten, Verbrechen sind, heißen Majestätsverbrechen. Tyrannei und Unwissenheit allein, welche die Bezeichnungen und noch die klarsten Ideen verwirren, bringen es zustande, Verbrechen verschiedener Natur diesen Namen zu geben und folglich höchste Strafen darauf zu setzen und so die Menschen, wie bei tausend anderen Gelegenheiten, zum Opfer eines bloßen Wortes zu machen. Jedes Verbrechen, mag es noch so privat sein, verstößt gegen die Gesellschaft, aber nicht jedes Verbrechen zielt unmittelbar auf ihre Zerstörung ab. Die moralischen Handlungen haben wie die physischen ihren begrenzten Wirkungskreis, und wie alle Bewegungen der Natur werden sie auf verschiedene Weise von Zeit und Raum in Grenzen gehalten; und deshalb vermag nur die spitzfindige Auslegung, in der für gewöhnlich die Philosophie der Unterdrückung besteht, das, was die ewige Wahrheit unter unabänderlichen Verhältnissen geschieden hat, durcheinanderzubringen.

Hiernach sind die gegen die Sicherheit eines jeden einzelnen gerichteten Verbrechen zu nennen. Da die Sicherheit das Hauptziel jeder rechtmäßigen Gesellschaft ist, kann die Verletzung des von einem jeden Bürger erworbenen Rechts auf Sicherheit nur mit einer der schwereren vom Gesetz bestimmten Strafen belegt werden.

Ein jeder Bürger soll wissen, daß er alles tun kann, was dem Gesetz nicht entgegen ist, ohne eine andere Mißhelligkeit zu befürchten als die aus der Handlung selber möglicherweise hervorgehende; dieses Wissen ist der politische Lehrsatz, auf den die Völker sich stützen und der von den höchsten Behörden unter untadeliger Wahrung des Gesetzes verkündigt werden sollte: ein unantastbarer Lehrsatz, ohne den es keine legitime Gesellschaft geben kann. In diesem Lehrsatz besteht der gerechte Lohn für die Dahingabe der Möglichkeit, die der Mensch mit jedem empfindungsbegabten Wesen teilt, auf alle Dinge nach Belieben einwirken zu können und dabei nur die Grenzen der eigenen Kraft zu kennen. So werden freie und kraftvolle Seelen erzogen, so ein Geist erzogen, der sich selber aufgeklärt hat, so die Menschen zur Tugend gebracht, zu einer Tugend freilich, die der Furcht standhält, und nicht zu jener gefügigen Klugheit, die nur demjenigen ansteht, der eine gefährdete und ungewisse Existenz erträglich findet. Die Anschläge somit auf die Sicherheit und Freiheit der Bürger stellen eines der größten Verbrechen dar; und unter diese Klasse von Verbrechen fallen nicht nur Mord und Diebstahl gewöhnlicher Leute, sondern auch die der Großen und der Beamten, deren Einfluß weiter reicht und nachhaltiger ist; denn er zerstört in den ihnen Untergebenen die Begriffe von Recht und Pflicht und ersetzt sie durch die des Rechts des Stärkeren, was schließlich ebenso gefährlich ist für den, der so handelt, wie für den, der darunter leidet.

IX · *Über die Ehre* · Es gibt einen bemerkenswerten Gegensatz zwischen den bürgerlichen Gesetzen, welche mehr als alles andere eifersüchtige Wächter über Leib und Gut eines jeden Bürgers sind, und den Gesetzen der sogenannten *Ehre*, die größere Zustimmung finden als jene. Das Wort *Ehre* gehört zu denjenigen, welchen ausführliche und glänzende Abhandlungen gewidmet wurden, ohne daß damit wahrlich auch nur eine genaue und feste Vorstellung verknüpft gewesen wäre. Elender Zustand des menschlichen Geistes, daß die so entfernten und weniger wichtigen Vorstellungen von der Bewegung der Himmelskörper mit genauerer Kenntnis sich vergegenwärtigen als die naheliegenden und hochwichtigen moralischen Begriffe, die immerzu unbestimmt und verworren bleiben je nachdem, wie der Sturm der Leidenschaften sie umtreibt und die gelenkte Unwissenheit sie übernimmt und weitergibt! Doch das scheinbare Paradoxon löst sich auf, erwägt man nur, daß, wie die den Augen allzu nahen Gegenstände ineinander übergehen, ebenso die allzu große Nähe der moralischen Ideen es bewirkt, daß die überaus zahlreichen einfachen Ideen, aus denen sie sich zusammensetzen, leicht sich miteinander mischen und die Trennungslinien verlieren, deren der mathematische Geist bedarf, um die Erscheinungen der menschlichen Empfindsamkeit bemessen zu können. Und die Verwunderung des gleichmütigen Erforschers der menschlichen Dinge wird überhaupt aufhören, wenn er dahinterkommt, daß man vielleicht keinen so großen Apparat von Moral noch so viele Bindungen benötigt, um die Menschen glücklich zu machen und ihnen Sicherheit zu geben.

Die *Ehre* ist also eine von jenen zusammengesetzten Ideen, welche eine Zusammenfassung nicht nur einfacher, sondern wiederum bereits zusammengesetzter Ideen sind, die unseren Geist auf mannigfache Weise treffen können und dabei einige der verschiedenen Elemente, aus denen sie bestehen, bald einschließen, bald ausschließen; sie behalten indessen einige gemeinsame Ideen, wie mehrere komplexe algebraische Größen einen gemeinsamen Teiler zulassen. Um diesen gemeinsamen Teiler in den verschiedenen Ideen, welche die Menschen sich von der Ehre machen, aufzufinden, ist es nötig, einen kurzen Blick auf die Entstehung der Gesellschaft zu werfen. Die ersten Gesetze und die ersten Behörden entstanden aus der Notwendigkeit, der Unordnung des physischen Despotismus eines jeden Menschen abzuhelfen; dies war der die Gesellschaft begründende Zweck, und dieser erste Zweck hat stets wirklich oder dem Scheine nach sich erhalten, wie alle Gesetzbücher, auch die schlechten, bezeugen. Die Tatsache jedoch, daß die Menschen näher zueinander rückten und ihre Kenntnisse fortschritten, hat eine unendliche Reihe von Handlungen und miteinander austauschbarer Bedürfnisse entstehen lassen, die immer wieder über die Vorkehrungen der Gesetze hinausgehen, indessen diesseits des jeweiligen Vermögens jedes einzelnen bleiben. Damals begann der Despotismus der Meinung,* der das einzige Mittel war, um von den anderen jene Güter zu erlangen und jene Schäden von sich fernzuhalten, für die die Gesetze nicht ausreichend vorsorgten. Und die Meinung ist es, die den Weisen wie den gewöhnlichen Menschen peinigt, die den Anschein der Tugend mehr als die Tugend selber glaubwürdig gemacht hat, die zum Glaubensboten selbst den Verbrecher macht, weil er dabei seinen Vorteil findet. Deshalb ist die Achtung, die man bei den Menschen findet, nicht mehr bloß nützlich, sondern sie wird notwendig, um nicht unter den Durchschnitt der Gesellschaft zu sinken. Wenn deshalb der Ehrgeizige sie als nützlich erstrebt und der Eitle um sie als Zeugnis für sein eigenes Verdienst bettelt, so sieht man den Mann von Ehre sie als notwendig fordern. Diese *Ehre* ist eine Bedingung, die von überaus vielen Menschen an die eigene Existenz geknüpft wird. Erst nach der Einrichtung der Gesellschaft aufgekommen, konnte sie nicht in das gemeinsame Depositum eingebracht werden; vielmehr stellt sie für den Augenblick eine Rückkehr zum Naturzustand dar und sie bedeutet, daß die eigene Person momentan jenen Gesetzen entzogen wird, die im gegebenen Falle den Bürger nicht hinreichend verteidigen.

Deshalb verschwinden sowohl unter der äußersten

---

* Meinung, opinione, im Gegensatz zu ragione, Vernunft: die subjektive Schätzung von Dingen oder der über die Achtung, die der Gesellschaftsvertrag gebietet, hinausgehende, an kein objektives Kriterium gebundene Ruf, in dem ein Individuum steht.

politischen Freiheit als auch in der äußersten Abhängigkeit die Begriffe der Ehre oder sie verschmelzen vollständig mit anderen, weil unter jener der Despotismus der Gesetze die Suche nach der Zustimmung anderer überflüssig macht und weil in dieser der Despotismus der Menschen die bürgerliche Existenz vernichtet, sie zu einer gefährdeten und momenthaften Persönlichkeit erniedrigt. Die Ehre ist folglich eines der grundlegenden Prinzipien jener Monarchien, die einem gemäßigten Despotismus huldigen; und für sie sind diese Prinzipien das, was für die despotischen Staaten die Revolutionen: ein Augenblick der Rückkehr in den Naturzustand und eine Mahnung für den, dem die einstige Gleichheit zu wahren obliegt.

X · *Von den Duellen* · Aus dieser Notwendigkeit der Achtung durch andere gingen die privaten Zweikämpfe hervor; sie hatten in eben der Anarchie der Gesetze ihren Ursprung. Angeblich waren sie im Altertum unbekannt, vielleicht, weil die Alten in den Tempeln, den Theatern und im Kreise der Freunde nicht aus Mißtrauen bewaffnet zusammenkamen; vielleicht, weil der Zweikampf ein gewöhnliches und verbreitetes Schauspiel war, das die Gladiatoren, Sklaven und verachtete Menschen dem Volke boten, und weil die Freien es verschmähten, für Gladiatoren gehalten und so genannt zu werden, falls sie auf private Kämpfe sich einließen. Vergebens haben die Erlasse, die auf die Annahme eines Zweikampfes die Todesstrafe setzten, diese Sitte auszurotten versucht, die auf etwas zurückgeht, was einige Menschen mehr als den Tod fürchten; denn der Achtung der anderen beraubt, befürchtet der Mann von Ehre entweder, völlig zu vereinsamen, ein für einen geselligen Menschen unerträglicher Zustand, oder er sieht sich zur Zielscheibe von Beleidigung und Schmähung werden, was, wenn es immer wieder geschieht, schlimmer als die drohende Strafe ist. Weswegen kennt, im Unterschied zu den Großen, das niedere Volk kaum den Zweikampf? Nicht nur, weil es unbewaffnet ist, sondern weil die Notwendigkeit der Achtung anderer minder allgemein bei der Volksmasse ist als bei denen, die höher stehen und deshalb einander mit mehr Mißtrauen und Eifersucht betrachten.

Es dürfte nicht ohne Nutzen sein, das zu wiederholen, was andere geschrieben haben, nämlich daß der beste Weg zur Verhütung dieses Verbrechens darin besteht, den Angreifer zu bestrafen, das heißt denjenigen, der den Anlaß zum Zweikampf gegeben hat, und den für schuldlos zu erklären, der ohne eigene Schuld zur Verteidigung dessen gezwungen wurde, was die geltenden Gesetze nicht sichern, nämlich den Ruf, und der seinen Mitbürgern hat zeigen müssen, daß er nur die Gesetze und nicht die Menschen fürchtet.

XI · *Von der öffentlichen Ruhe* · Zu den Verbrechen der dritten Art gehören schließlich insbesondere jene, welche die öffentliche Ruhe und den Frieden der Bürger stören, wie Lärm und Lustbarkeit auf den öffentlichen, für den Verkehr und den zu Fuß gehenden Bürger bestimmten Wegen, wie fanatische Reden, die die leicht erregbaren Leidenschaften einer neugierigen Menge aufbringen und ihre Wirkung der großen Zahl der Zuhörer und mehr der dunklen und geheimnisvollen Begeisterung als der klaren und ruhigen Vernunft verdanken, die niemals eine große Masse von Menschen beeindruckt.

Die nächtliche Beleuchtung auf öffentliche Kosten, die

Verteilung von Wachen auf die verschiedenen Stadtviertel, einfache und von Moral durchdrungene Reden über Themen der Religion, die der Stille und geheiligten Ruhe der von der öffentlichen Autorität geschützten Tempel vorbehalten sind, die zur Wahrnehmung von privaten und öffentlichen Interessen gehaltenen Reden in den Versammlungen der Nation, in den Parlamenten oder an der Stelle, wo die Majestät des Souveräns ihren Sitz hat, alles das sind wirksame Mittel, um der gefährlichen Verdichtung der Volksleidenschaften zuvorzukommen. Aus alledem besteht eine der Hauptaufgaben für die Wachsamkeit jener Behörde, die die Franzosen *Polizei* nennen. Wenn diese Behörde jedoch nach willkürlichen und nicht in einem Gesetzbuch, das in aller Bürger Hand ist, enthaltenen Gesetzen vorgeht, dann wird der Tyrannei, die immer die Grenzen der politischen Freiheit rings umgibt, Tür und Tor geöffnet. Ich finde keine Ausnahme von diesem allgemeinen Grundsatz, daß jeder Bürger wissen muß, wann er schuldig, wann unschuldig ist. Wenn Zensoren und überhaupt willkürlich verfahrende Behörden für eine Regierung notwendig sind, so liegt das an der Schwäche der Verfassung und nicht in der Natur einer wohlorganisierten Regierung. Die Ungewißheit des eigenen Schicksals hat für die verborgene Tyrannei noch mehr Opfer gefordert als die öffentlicher und feierlicher Formen sich bedienende Grausamkeit. Diese empört die Seelen mehr als sie sie erniedrigt. Der wahre Tyrann beginnt stets mit der Herrschaft über die Meinung der Menschen; und damit beugt er im voraus den Mut, der allein entweder im hellen Licht der Wahrheit oder im Feuer der Leidenschaft oder in der Ahnungslosigkeit über die Gefahr zu erglänzen vermag.

Welche Art Strafen jedoch könnten für diese Verbrechen angemessen sein? Ist der Tod wirklich eine *nützliche* und für die Sicherheit und gute Ordnung der Gesellschaft *notwendige* Strafe? Ist die Folter und sind qualvolle Leibesstrafen *gerecht* und erreichen sie das *Ziel*, dem die Gesetze zu dienen suchen? Welches ist die beste Weise, den Verbrechen vorzubeugen? Sind die selben Strafen zu allen Zeiten gleich nützlich? Welchen Einfluß haben sie auf die Sitten? Alle diese Fragen verdienen mit jener mathematischen Genauigkeit gelöst zu werden, vor welcher weder der Nebel der Sophismen noch die Verführungskunst der Beredsamkeit noch ein furchtsamer Zweifel zu bleiben vermögen. Hätte ich kein anderes Verdienst als dieses, erstmals mit einiger Klarheit dies für Italien deutlich gemacht zu haben, was man in anderen Nationen bereits zu schreiben wagte und zu praktizieren beginnt, so würde ich mich glücklich schätzen; aber wenn ich durch mein Eintreten für die Menschenrechte und die unbesiegbare Wahrheit dazu beitragen würde, nur irgendein unglückliches Opfer der Tyrannei oder der ebenso verhängnisvollen Unwissenheit den Schmerzen und Ängsten des Todes zu entreißen, so würden die Segnungen und die im Überschwang der Freude vergossenen Tränen eines einzigen Unschuldigen mich über die Verachtung der Menschen trösten.

XII · *Zweck der Strafen* · Aus der bloßen Betrachtung der bislang dargelegten Wahrheiten ergibt sich klar, daß der Zweck der Strafen nicht darin besteht, ein mit Empfindung begabtes Wesen zu quälen und zu kränken noch ein bereits begangenes Verbrechen ungeschehen zu machen. Kann in einem politischen Körper, der, weit entfernt, aus

Leidenschaft zu handeln, der, selber unbewegt, des Amtes waltet, die Leidenschaften der einzelnen zu lenken und zu lindern, kann in diesem politischen Körper jene unnütze Grausamkeit Obdach finden, die das Werkzeug der Wut und des Fanatismus oder schwacher Tyrannen ist? Rufen etwa die Schreie eines Unglücklichen die der Vergangenheit angehörenden Handlungen aus der nimmer zurückkehrenden Zeit zurück? Der Zweck der Strafen kann somit kein anderer als der sein, den Schuldigen daran zu hindern, seinen Mitbürgern abermals Schaden zuzufügen, und die anderen davon abzuhalten, das gleiche zu tun. Diejenigen Strafen also und diejenigen Mittel ihres Vollzugs verdienen den Vorzug, die unter Wahrung des rechten Verhältnisses zum jeweiligen Verbrechen den wirksamsten und nachhaltigsten Eindruck in den Seelen der Menschen zurücklassen, für den Leib des Schuldigen hingegen so wenig qualvoll wie möglich sind.

XIII · *Von den Zeugen* · Ein wichtiger Punkt in jeder guten Gesetzgebung ist es, die Glaubwürdigkeit der Zeugen und die Beweise für die Schuld genau zu bestimmen. Jeder vernünftige Mensch, das heißt jeder, dessen Ideen einen bestimmten Zusammenhang miteinander haben und dessen Wahrnehmungen mit denen der anderen Menschen übereinstimmen, kann Zeuge sein. Der wahre Maßstab seiner Glaubwürdigkeit ist lediglich das Interesse, das er hat, die Wahrheit zu sagen oder nicht; und hieraus ergibt sich, wie unbegründet es ist, das Zeugnis der Frauen ihrer Schwachheit wegen nicht zuzulassen, und wie kindisch, bei den Verurteilten die Wirkung des wirklichen Todes auf den bürgerlichen Tod zu übertragen, und schließlich wie ungereimt, gegen die für ehrlos

Erklärten ihre Ehrlosigkeit anzuführen, wenn sie kein Interesse haben zu lügen. Die Glaubwürdigkeit nimmt in dem Maße ab, wie Haß oder Freundschaft oder enge Beziehungen zwischen dem Zeugen und dem Angeklagten bestehen. Mehr als ein Zeugnis ist erforderlich, weil, solange der eine etwas behauptet und der andere es verneint, keine Gewißheit gegeben ist und ein jeder das Recht behält, für unschuldig zu gelten. Die Glaubwürdigkeit eines Zeugen nimmt merklich desto mehr ab, je schrecklicher ein Verbrechen oder je unwahrscheinlicher die Umstände sind; dies gilt beispielsweise für die Zauberei und für Handlungen, die eine nutzlose Grausamkeit an den Tag legen. Es ist wahrscheinlicher, daß bei einer Anklage wegen ersterer mehr Menschen lügen, weil es leichter ist, daß sich bei mehreren Menschen der Wahn der Unwissenheit oder der Verfolgungshaß zusammenfinden, als daß ein Mensch eine Macht ausübt, welche Gott entweder nie verliehen oder jedem Geschöpf entzogen hat. Ebenso verhält es sich mit der zweiten Anklage, weil der Mensch nur in dem Maße grausam ist, wie es ihm das eigene Interesse, Haß oder Furcht, die sich seiner bemächtigt haben, gebieten. Es gibt eigentlich kein überflüssiges Gefühl im Menschen; es entspricht stets dem Ergebnis der gewonnenen Sinneseindrücke. Ebenso kann die Glaubwürdigkeit eines Zeugen bisweilen gemindert sein, wenn er Mitglied einer privaten Gesellschaft ist, deren Gebräuche und Vorschriften entweder nicht recht bekannt oder von den öffentlichen verschieden sind. Ein solcher Mensch hat nicht allein die eigenen, sondern die Leidenschaften anderer.

Schließlich ist die Glaubwürdigkeit des Zeugen fast gleich null, wenn Worte den Tatbestand eines Verbrechens bilden sollen; denn der Ton, die Gesten, alles was den verschiedenen Vorstellungen, welche die Menschen mit den nämlichen Worten verbinden, vorausgeht oder nachfolgt, verschlimmert oder verändert die Worte eines Menschen derartig, daß es fast unmöglich ist, sie genau so, wie sie geäußert wurden, zu wiederholen. Mehr noch lassen gewaltsame und außergewöhnliche Handlungen, wie es die wirklichen Verbrechen sind, Spuren von sich in der Vielzahl der Umstände und in den Folgen, die sie haben; die Worte jedoch bewahrt nur das meist untreue und oft irregeführte Gedächtnis der Zuhörer. Es ist somit bei weitem leichter, eine Verleumdung auf den Worten als auf den Handlungen eines Menschen aufzubauen; denn eine je größere Zahl von Umständen zu den letzteren als Beweis angeführt wird, desto mehr Mittel bieten sich dem Angeklagten zu seiner Rechtfertigung.

XIV · *Indizien, Formen der Gerichte* · Es gibt einen sehr nützlichen allgemeinen Lehrsatz, um die Gewißheit einer Tatsache, zum Beispiel die Erheblichkeit der Indizien eines Verbrechens, zu berechnen. Wenn die Beweise für eine Tatsache voneinander abhängen, das heißt wenn die Indizien nur gegenseitig beweiskräftig sind, so ist, je mehr Beweise angeführt werden, die Wahrscheinlichkeit der Tatsache desto geringer, weil in allen Fällen, in denen die vorausgehenden Beweise entkräftet würden, auch die nachfolgenden es wären. Wenn die Beweise für eine Tatsache sämtlich gleicherweise von einer einzigen abhängen, so wird die Wahrscheinlichkeit der Tatsache durch die Zahl der Beweise weder vermehrt noch vermindert; denn ihr voller Wert reicht nicht über den jener einzigen hinaus, von der sie abhängen. Wenn die Beweise unabhängig voneinander sind, das heißt wenn die Indizien durch etwas anderes als gegenseitig durch sich selbst beweiskräftig sind, dann nimmt die Wahrscheinlichkeit der Tatsache mit der Zahl der Beweise zu; denn die Hinfälligkeit eines Beweises beeinflußt nicht die anderen. Ich spreche von Wahrscheinlichkeit in bezug auf die Verbrechen, die erwiesen sein müßten, um Strafe zu verdienen. Doch wird dies nicht länger demjenigen widersinnig vorkommen, der erwägt, daß, streng genommen, die moralische Gewißheit lediglich eine Wahrscheinlichkeit darstellt, eine solche freilich, die man Gewißheit nennt; denn jeder vernünftige Mensch stimmt ihr aufgrund einer Gewohnheit, die von der Notwendigkeit des Handelns herrührt und die jeder Spekulation vorausliegt, notwendig zu. Die Gewißheit, die erforderlich ist, um einen Menschen für schuldig zu erkennen, ist somit keine andere als diejenige, welche jeden Menschen bei den wichtigsten Vorgängen des Lebens bestimmt. Die Beweise für ein Verbrechen zerfallen in vollkommene und unvollkommene. Vollkommen nenne ich solche, die die Möglichkeit ausschließen, daß ein bestimmter Mensch nicht schuldig ist; unvollkommene nenne ich solche, die sie nicht ausschließen. Von den ersteren genügt auch ein einziger hinreichend zur Verurteilung; von den letzteren sind so viele nötig, als ausreichen, um einen einzigen vollkommenen zu bilden, was soviel heißt, daß, wenn zwar jeder einzelne für sich allein genommen die Möglichkeit, daß ein Mensch nicht schuldig ist, bestehen läßt, doch durch die Vereinigung aller in demselben Gegenstand seine Unschuld unmöglich wird. Man beachte, daß die unvollkommenen Beweise, gegenüber denen sich der Beschuldigte rechtfertigen kann, zu vollkommenen werden, wenn er es nicht gehörig tut. Aber diese moralische Gewißheit der Beweise ist leichter zu fühlen als genau zu umschreiben. Deshalb halte ich jenes Gesetz für das beste, das dem Hauptrichter durchs Los und nicht durch Wahl bestimmte Beisitzer zur Seite stellt; denn in diesem Falle urteilt die Unwissenheit aus dem Gefühl heraus sicherer als die Wissenschaft nach Lehrmeinungen. Wo die Gesetze klar und bestimmt sind, besteht die Aufgabe des Richters in nichts anderem als darin, eine Tatsache festzustellen. Erfordert das Aufsuchen der Beweise für ein Verbrechen Geschicklichkeit und Gewandtheit, bedarf es zur Darstellung des so gefundenen Ergebnisses der Klarheit und Genauigkeit, so ist, um aufgrund des Ergebnisses selber das Urteil zu fällen, nichts weiter mehr erforderlich als ein einfacher und gewöhnlicher gesunder Verstand, der seltener danebentrifft als das Wissen eines Richters, der daran gewöhnt ist, Schuldige finden zu wollen, und der alles unter ein durch seine Studien gewonnenes künstliches System bringt. Glücklich die Nation, bei der die Gesetze keine Wissenschaft waren! Auch war es ein sehr nützliches Gesetz, daß ein jeder von seinen Standesgenossen gerichtet wurde; denn wo es sich um die Freiheit und das Schicksal eines Bürgers handelt, müssen die Gefühle schweigen, die von der Ungleichheit hervorgerufen werden; und ebensowenig kann die Überlegenheit, mit der vom Glück begünstigte Menschen den Armen ansehen, wie die Verachtung, mit der der Niedrigstehende den Höherstehenden betrachtet, bei einem solchen Urteil wirksam werden. Wenn jedoch das Verbrechen die Verletzung eines Dritten darstellt, dann sollten die Richter zur einen Hälfte Standesgenossen des Angeklagten, zur anderen des Verletzten sein; auf diese

Weise würde jedes private Interesse, das ganz unwillkürlich den Dingen einen anderen Anschein gibt, ausgeglichen und nur Gesetz und Wahrheit zu Wort kommen. Auch ist es in Übereinstimmung mit der Gerechtigkeit, daß der Angeklagte innerhalb bestimmter Grenzen berechtigt ist, diejenigen abzulehnen, die ihm verdächtig sind; und wird ihm dies widerspruchslos eine Zeitlang eingeräumt, so gewinnt es fast den Anschein, als verurteile der Angeklagte sich selbst. Öffentlich soll die Gerichtsverhandlung und öffentlich die Beweiserhebung sein, damit die öffentliche Meinung, die vielleicht das einzige Bindemittel der Gesellschaft ist, der Gewalt und den Leidenschaften einen Zügel anlege und damit das Volk sagen könne: wir sind keine Sklaven, wir haben eine Verteidigung – ein ermutigendes Gefühl, das dem Tribut an einen Fürsten gleichkommt, der sein wahres Interesse erkannt hat. Ich will auf weitere Einzelheiten und Vorsichtsmaßregeln nicht eingehen, die bei ähnlichen Einrichtungen geboten sind. Nichts würde ich gesagt haben, wenn ich hätte alles sagen müssen!

XV · *Geheime Anklagen* · Ein augenfälliges, doch nachgerade geheiligtes Übel, das bei vielen Nationen infolge der Schwäche ihrer Verfassung notwendig geworden ist, sind die geheimen Anklagen. Eine solche Sitte macht die Menschen falsch und verschlossen. Wer vermuten kann, in einem anderen einen Denunzianten zu sehen, sieht in ihm einen Feind. Die Menschen gewöhnen sich dann, ihre Gefühle zu verbergen, und mit der Übung, sie anderen zu verbergen, gelangen sie schließlich dahin, sie vor sich selbst zu verbergen. Unglücklich die Menschen, wenn es so weit mit ihnen gekommen ist! Ohne klare und feststehende Grundsätze, denen sie sich anvertrauen könnten, irren sie verloren und schwankend auf dem weiten Meer der Meinungen umher, stets damit beschäftigt, sich vor den Ungeheuern zu retten, die sie bedrohen; sie verbringen die Gegenwart in ständiger Bitternis über die Ungewißheit der Zukunft; der dauernden Freuden, die Ruhe und Sicherheit gewähren, beraubt, trösten sie kaum einige wenige, hier und da in ein trauriges Leben eingestreute und in Hast und Wirrnis angeeignete Freuden dafür, gelebt zu haben. Und solche Menschen sollen wir zu unerschrockenen Kämpfern, Verteidigern des Vaterlandes und des Thrones machen? Unter diesen sollen wir die unbestechlichen Beamten finden, die in freier und patriotischer Beredsamkeit die wahren Interessen des Souveräns zu vertreten und darzulegen wissen; Beamte, die zugleich mit den Abgaben die Liebe und die Segenswünsche aller Volksklassen zum Throne tragen und von dort in Paläste und Hütten den Frieden, die Sicherheit und die tatkräftige Hoffnung auf die Verbesserung der Verhältnisse zurückbringen, was alles die förderliche innere Bewegung und das Leben der Staaten ausmacht?

Wer kann sich gegen die Verleumdung verteidigen, wenn sie mit dem stärksten Schild der Tyrannei bewaffnet ist, dem *Geheimnis*? Was ist das für eine Art Regierung, wo der Regent in jedem Untertanen einen Feind vermutet und gezwungen ist, der öffentlichen Ruhe wegen jedem die seine zu rauben?

Mit welchen Gründen will man die geheimen Anklagen und Bestrafungen rechtfertigen? Mit dem öffentlichen Wohl, der Sicherheit und der Erhaltung der Regierungsform? Doch was für eine seltsame Verfassung ist das, wo derjenige, der die Macht und die noch wirksamere Meinung für sich hat, jeden Bürger fürchtet? Mit der Schadloshaltung des Anklägers? Also verteidigen ihn die Gesetze nicht genug. Und es gibt Untertanen, die mächtiger sind als der Herrscher! Mit der Ehrlosigkeit, die den Denunzianten trifft? Also wird die geheime Verleumdung erlaubt und die öffentliche bestraft! Mit der Natur des Verbrechens? Wenn die gleichgültigen, wenn gar die für die Öffentlichkeit nützlichen Handlungen Verbrechen heißen, dann sind Anklage und Urteil niemals geheim genug. Ist ein Verbrechen, das heißt eine Verletzung der Gesamtheit, denkbar, ohne daß die Öffentlichkeit des Beispiels, nämlich des Urteils, im Interesse aller läge? Ich beziehe dies auf jede Regierung und spreche von keiner im besonderen; manchmal sind die Verhältnisse von der Art, daß man in der Beseitigung eines Übels den völligen Zusammenbruch erblicken kann, wenn dieses Übel mit dem Staatssystem eng verknüpft ist. Hätte ich jedoch in einem verlassenen Winkel der Erde neue Gesetze zu geben, so würde die Hand mir zittern, ehe ich eine solche Sitte zuließe, und ich hätte dabei die ganze Nachwelt vor Augen.

Schon Herr von Montesquieu hat gesagt, daß die Öffentlichkeit der Anklage eher der Republik angemessen ist, wo das öffentliche Wohl die erste Leidenschaft der Bürger ausmachen sollte, als der Monarchie, wo dieses Gefühl eben wegen der Regierungsform recht schwach ist und wo es eine vorzügliche Einrichtung ist, bestimmte Personen damit zu beauftragen, im öffentlichen Namen gegen die Übertreter der Gesetze Anklage zu erheben. Aber jede Regierung, ob republikanisch oder monarchisch, soll den Verleumder mit der Strafe belegen, die den Beschuldigten getroffen hätte.

XVI · *Über die Folter* · Eine bei den meisten Nationen durch den Brauch geheiligte Grausamkeit ist die Folterung des Angeklagten während der Voruntersuchung; man will ihn damit entweder zum Geständnis eines Verbrechens zwingen oder ihn in Widersprüche verwickeln oder seine Mitschuldigen entdecken oder in ihm eine, ich weiß nicht welche, metaphysische und unbegreifliche Reinigung bewirken oder schließlich andere Verbrechen, derer er schuldig sein könnte, doch noch nicht beschuldigt wird, herausfinden.

Ein Mensch kann vor dem Urteilsspruch eines Richters nicht *schuldig* heißen noch vermag die Gesellschaft ihm den öffentlichen Schutz zu entziehen, ehe entschieden ist, daß er die Verträge verletzt hat, kraft derer dieser Schutz ihm zugesagt wurde. Ist es also ein anderes Recht als das der Gewalt, das einem Richter die Vollmacht verleiht, einen Bürger mit einer Strafe zu belegen, solange seine Schuld oder Unschuld zweifelhaft sind? Dieses Dilemma ist nicht neu: entweder ist das Verbrechen erwiesen oder nicht; ist es erwiesen, dann gebührt dem Täter nur die vom Gesetz bestimmte Strafe, und nutzlos sind dann die Foltern, weil nutzlos das Geständnis des Schuldigen. Wenn es aber nicht erwiesen ist, dann darf nicht ein Unschuldiger gequält werden; unschuldig nämlich ist nach den Gesetzen ein Mensch, dessen Verbrechen nicht bewiesen ist. Doch gehe ich hierüber noch hinaus und behaupte, daß es alle Verhältnisse durcheinanderbringen heißt, wenn man fordert, ein Mensch solle gleichzeitig Ankläger und Angeklagter sein, der Schmerz zum Prüfstein der Wahrheit werden, als würde diese in den Muskeln und Nerven eines elenden Menschen zu finden sein. Es ist dies das sichere Mittel, kräftige Verbrecher freizusprechen und schwache Unschuldige zu verurteilen. Das sind die verhängnisvollen Unzuträglichkeiten dieses vorgeblichen Mittels zur Erkennung der Wahrheit, eines Mittels nämlich, das eines Kannibalen würdig ist und das die Römer, auch sie Barbaren in mehr als einer Hinsicht, nur bei den Sklaven, den Opfern einer rüden und immer noch allzu sehr gepriesenen Tugend, anwandten.

Worin besteht der politische Zweck der Strafen? In der Abschreckung der anderen. Was jedoch ist von den geheimen und privaten Tötungen zu halten, die nach tyrannischem Brauch an Schuldigen und Unschuldigen vollzogen werden? Wichtig ist, daß kein bekannt gewordenes Verbrechen unbestraft bleibt; aber es nützt nichts, zu erfahren, wer ein Verbrechen begangen hat, wenn dieser in der Finsternis begraben ist. Ein bereits eingetretenes Übel, für das es keine Abhilfe mehr gibt, kann von der politischen Gesellschaft nur bestraft werden, wenn es durch die Vorspiegelung der Straflosigkeit auf andere einen Einfluß haben würde. Steht es fest, daß die Zahl der Menschen, die, sei es aus Furcht, sei es aus Tugend, die Gesetze achten, größer ist als die Zahl derjenigen, die sie übertreten, so ist die Gefahr, einen Unschuldigen den Qualen der Folter zu unterwerfen, um so höher anzusetzen, als die Wahrscheinlichkeit größer ist, daß ein Mensch unter gleichen Umständen die Gesetze eher geachtet als mißachtet hat.

Man führt einen weiteren, und zwar lächerlichen, Grund für die Folter an, nämlich die Reinigung von der Ehrlosigkeit, das heißt ein vom Gesetz für ehrlos erklärter Mensch soll seine Aussage mit der Verrenkung seiner Glieder bekräftigen. Dieser Mißbrauch sollte im achtzehnten Jahrhundert nicht mehr geduldet werden. Man glaubt, der Schmerz, der doch eine Empfindung ist, tilge die Ehrlosigkeit, die nur etwas mit der Moral zu tun hat. Ist er etwa ein Schmelztiegel? Und die Ehrlosigkeit etwa ein unreiner gemischter Körper? Es ist nicht schwierig, den Ursprung dieses lächerlichen Gesetzes aufzufinden; denn selbst der größte Unsinn, den eine ganze Nation sich zu eigen gemacht hat, steht immer in irgendeiner Beziehung zu anderen gemeinsamen und von ihr anerkannten Ideen. Es scheint nämlich dieser Brauch den religiösen und geistlichen Ideen entnommen zu sein, die einen so starken Einfluß auf die Gedanken der Menschen, die Nationen und die Zeiten haben. Ein unfehlbares Dogma versichert uns, daß die Makel, derer der Mensch aus Schwachheit schuldig wird und die nicht den ewigen Zorn des Höchsten Wesens verdienen, durch ein unbegreifliches Feuer getilgt werden müssen. Nun ist die Ehrlosigkeit aber ein bürgerlicher Makel, und wenn Schmerz und Feuer die geistlichen und unkörperlichen Makel hinwegnehmen, warum sollten nicht ebenso die Qualen der Folter den bürgerlichen Makel, den die Ehrlosigkeit darstellt, hinwegnehmen? Ich meine, daß das Geständnis des Schuldigen, das von einigen Gerichten als für die Verurteilung wesentlich verlangt wird, auf einen nicht unähnlichen Ursprung zurückgeht; denn vor dem geheimnisvollen Gericht der Buße stellt das Bekenntnis der Sünde einen wesentlichen Teil des Sakramentes dar. So also mißbrauchen die Menschen das sichere Licht der Offenbarung; und da dieses Licht das einzige in den Zeiten der Unwissenheit ist, so nimmt die fügsame Menschheit bei jeder Gelegenheit zu ihm ihre Zuflucht und benutzt es auf die widersinnigste und weithergeholteste Weise. Aber die Ehrlosigkeit ist ein weder dem Gesetz noch der

Vernunft sondern der gewöhnlichen Meinung unterworfenes Gefühl. Die Folter indessen macht ihr Opfer wirklich ehrlos. Also würde man auf diese Weise jemanden dadurch von der Ehrlosigkeit zu befreien suchen, daß man ihn ehrlos macht.

Ein drittes Motiv für die Folter besteht darin, daß der vermutlich Schuldige bei der Untersuchung sich in Widersprüche verstrickt, als ob die Furcht vor der Strafe, die Ungewißheit des Urteils, das feierliche Auftreten und die Majestät des Richters, die fast allen Verbrechern wie den Unschuldigen eigene Unwissenheit nicht, und dafür spricht die Wahrscheinlichkeit, sowohl den Unschuldigen, der von Furcht ergriffen wird, als auch den Schuldigen, der sich zu decken sucht, in Widersprüche fallen lassen müßte; als ob nicht die bei den Menschen bereits im Zustand der Ruhe üblichen Widersprüche in der Aufregung eines Geistes, der von dem Gedanken, sich einer drohenden Gefahr zu entziehen, besessen ist, noch zunehmen müßten.

Dieser Schmelztiegel der Wahrheit erinnert leider immer noch an die alte und rohe Gesetzgebung jener Zeiten, als die Proben mit Feuer und kochendem Wasser wie das ungewisse Los der Waffen *Urteile* Gottes hießen, als ob die Glieder der ewigen Kette, die in der Höchsten Vernunft beschlossen ist, in jedem Augenblick durch eine armselige menschliche Veranstaltung sich trennen und wiederum knüpfen ließen. Der einzige Unterschied zwischen der Folter und den Proben mit Feuer und kochendem Wasser besteht darin, daß der Ausgang der ersteren vom Willen des Schuldigen abzuhängen scheint und der der letzteren von einem rein physischen und äußeren Faktum: aber dieser Unterschied besteht nur dem

Scheine nach und nicht in Wirklichkeit. Unter den Qualen und Peinen der Folter ist man so wenig frei, die Wahrheit zu sagen, wie man ehedem, ohne Täuschungen zu Hilfe zu nehmen, der Wirkung von Feuer und kochendem Wasser zu entgehen vermochte. Unsere Willensakte verhalten sich stets proportional zur Kraft des sinnlichen Eindrucks, aus dem sie erfließen; und die Empfindsamkeit hat ihre Grenzen bei ausnahmslos jedem. Folglich kann die Einwirkung des Schmerzes bis zu einem Punkte sich steigern, der nichts als den Schmerz verspüren und dem Gefolterten nur noch die Freiheit läßt, auf dem im Augenblick kürzesten Weg sich der Qual zu entziehen. Dann ist die Antwort des Schuldigen von der gleichen schieren Notwendigkeit wie die Einwirkung von Feuer oder Wasser. Dann wird der Unschuldige, ist er empfindsam genug, sich schuldig nennen, glaubt er damit der Qual nur ein Ende zu setzen. Jeder Unterschied zwischen ihnen verschwindet durch eben das Mittel, welches, vorgeblich, dazu angewandt wird, ihn zu entdecken. Es ist überflüssig, zur weiteren Aufklärung hierüber die zahllosen Beispiele von Unschuldigen aufzuführen, die unter den Qualen der Folter sich schuldig bekannten. Keine Nation, kein Zeitalter wüßten deren keines zu nennen; aber weder ändern sich die Menschen noch ziehen sie Schlüsse aus jener Tatsache. Es gibt keinen Menschen, der nicht zuweilen seine Ideen über die Bedürfnisse des Lebens erheben und der Natur sich zuwenden würde, die mit leisen und kaum deutlichen Stimmen ihn zu sich ruft; die Gewohnheit indessen, der Tyrann der Geister, stößt und schreckt ihn zurück. Der Ausgang der Folter ist also eine Sache des Temperaments, er unterliegt einer Berechnung, die für einen jeden entsprechend seiner Widerstandskraft und Empfindsamkeit verschieden sein muß, so daß bei dieser Verfahrensweise eher ein Mathematiker denn ein Richter die wie folgt zu stellende Frage zu beantworten vermöchte: sind die Muskelkraft und die Empfindlichkeit der Nerven eines Unschuldigen gegeben, so ist der Schmerzensgrad zu bestimmen, der ihn zum Bekenntnis eines vorliegenden Verbrechens bringen wird.

Die Vernehmung eines Angeklagten dient der Auffindung der Wahrheit; ist jedoch die Wahrheit schon schwierig dem Aussehen, dem Gebaren, dem Gesichtsausdruck eines ruhigen Menschen zu entnehmen, so wird sie sich viel weniger noch in einem Menschen entdecken lassen, bei dem die Zuckungen des Schmerzes alle Merkmale verfälschen, durch die manchmal im Antlitz der meisten Menschen wider ihren Willen die Wahrheit sich kundtut. Jede gewalttätige Handlung verwischt die geringfügigen Unterschiede, mittels deren bisweilen das Wahre und das Falsche erkennbar sind, und läßt sie am Ende ganz verschwinden.

Diese Wahrheiten waren den römischen Gesetzgebern bekannt, bei denen sich außer bei den Sklaven, denen man jede Persönlichkeit absprach, keine Anwendung der Folter findet; sie sind es auch in England, einer Nation, in welcher der Ruhm der Wissenschaften, die Überlegenheit des Handels und des Reichtums, folglich der Macht, und die Beispiele für Tugend und Mut uns keinen Zweifel an der Trefflichkeit der Gesetze lassen. Die Folter ist abgeschafft in Schweden;* abgeschafft hat sie einer der

* Im Jahre 1734 für gewöhnliche Verbrechen. Das von Gustav III.

weisesten Herrscher Europas,* der die Philosophie auf den Thron erhob, in der Gesetzgebung ein Freund seiner Untertanen, die er gleich und frei in der Abhängigkeit vom Gesetz gemacht hat, was die einzige Gleichheit und Freiheit darstellt, die vernünftige Menschen unter den gegenwärtigen Verhältnissen fordern können. Die Folter wird von den Gesetzen der Heere nicht für notwendig erachtet, obgleich diese doch zum größten Teil aus der Hefe der Nationen bestehen und deshalb, so sollte man meinen, mehr als jeder andere Verband ihrer sich bedienen müßten. Merkwürdig muß es demjenigen, der die Größe der tyrannischen Macht der Gewohnheit nicht ermißt, vorkommen, daß die Gesetze der friedlichen bürgerlichen Gesellschaft von Menschen, deren Gemüt durch Verwüstung und Blutvergießen hart geworden ist, ein humaneres Gerichtsverfahren zu lernen haben.

Diese Wahrheit wird schließlich, wenn auch unklar, sogar von jenen empfunden, die von ihr abweichen. Das unter der Folter abgelegte Geständnis ist nämlich nur gültig, wenn es hernach durch Eid bekräftigt wird; doch wenn der Beschuldigte das Verbrechen nicht bestätigt, wird er von neuem gefoltert. Einige Gelehrte und einige Nationen lassen diese abscheuliche petitio principii nur dreimal zu; andere Nationen und andere Gelehrte überlassen sie dem Gutdünken des Richters: dergestalt, daß von zwei gleicherweise unschuldigen Menschen der Kräftige und Kühne freigesprochen, der Schwache und

---

gleich nach dem Staatsstreich am 24. August 1772 erlassene Dekret schaffte sie unter dem Einfluß der Lektüre Beccarias vollständig ab.

* Nämlich Friedrich der II. von Preußen gleich nach seiner Thronbesteigung im Jahre 1740.

Furchtsame jedoch aufgrund folgenden bündigen Schlusses verurteilt wird: *Ich, der Richter, hatte euch eines bestimmten Verbrechens schuldig zu finden; du, Starker, hast dem Schmerz zu widerstehen gewußt, und deshalb spreche ich dich frei; du, Schwacher, bist ihm unterlegen, folglich verurteile ich dich. Ich weiß es wohl, daß das unter Qualen dir entrissene Geständnis keine Gültigkeit hat, aber ich werde dich von neuem foltern, wenn du nicht bestätigst, was du gestanden hast.*

Eine sonderbare Folge, die mit Notwendigkeit aus der Anwendung der Folter hervorgeht, besteht darin, daß der Unschuldige sich in einer schlechteren Lage befindet als der Schuldige. Wenn nämlich beide den Folterwerkzeugen ausgesetzt werden, so hat der erste alle Kombinationen gegen sich; denn entweder gesteht er das Verbrechen und wird verurteilt, oder er wird für unschuldig erkärt und hat eine nicht verschuldete Strafe erlitten. Aber der Schuldige hat wenigstens einen günstigen Fall vor Augen; wenn er nämlich der Folter entschlossen widersteht, so muß er als unschuldig freigelassen werden; er hat dann eine größere gegen eine geringere Strafe eingetauscht. Folglich muß der Unschuldige in jedem Falle verlieren, und der Schuldige kann etwas gewinnen.

Das die Folter anordnende Gesetz ist einem Gesetze gleich, das wie folgt spricht: *Ihr Menschen, widerstehet dem Schmerz, und wenn die Natur euch mit einer unstillbaren Eigenliebe begabt, wenn sie euch ein unabdingbares Recht auf eure Verteidigung verliehen hat, so erzeuge ich in euch einen ganz entgegengesetzten Affekt, einen heldenmütigen Haß nämlich eurer selbst, und ich befehle euch, daß ihr euch selber anklaget, indem ihr die Wahrheit auch dann sagt, wenn euch die Muskeln zerrissen und die Knochen verrenkt werden.*

Die Folter wird angewandt, um herauszufinden, ob

dem Beschuldigten noch andere Verbrechen zur Last fallen außer denen, die ihm vorgehalten werden; und dem würde folgender Schluß entsprechen: *Du bist eines Verbrechens schuldig, folglich bist du es möglicherweise hundert anderer; dieser Zweifel bedrückt mich, ich will mich durch das Kriterium der Wahrheit, das mir zur Verfügung steht, vergewissern; die Gesetze fügen dir Qualen zu, weil du schuldig bist, weil du schuldig sein kannst, weil ich will, daß du schuldig seiest.*

Schließlich wird ein Beschuldigter auf die Folter gespannt, um zu entdecken, ob andere an seinem Verbrechen beteiligt waren. Wenn jedoch bewiesen ist, daß die Folter kein zur Entdeckung der Wahrheit geeignetes Mittel ist, wie kann sie dann dazu dienlich sein, die Mitschuldigen ausfindig zu machen, was doch ein Teil der Wahrheit ist, die man zu entdecken sucht? Sollte ein Mensch, der sich selbst beschuldigt, nicht noch weit leichter andere beschuldigen? Ist es gerecht, die Menschen wegen der Verbrechen anderer zu foltern? Lassen sich die Mitschuldigen nicht durch die Befragung der Zeugen, durch das Verhör des Beschuldigten, durch die Beweisstücke und das corpus delicti, mit einem Worte, durch ebendieselben Mittel ausfindig machen, die es erhärten sollen, daß der Angeklagte das Verbrechen begangen hat? Die Mitschuldigen fliehen meist gleich nach der Verhaftung ihres Genossen, die Ungewißheit ihres Schicksals allein schon verurteilt sie zum Exil und befreit die Nation von der Gefahr neuer Verletzungen, während die Strafe des Schuldigen, dessen man habhaft geworden ist, ihren einzigen Zweck erfüllt, der darin besteht, die anderen Menschen von einem ähnlichen Verbrechen abzuschrecken.

XVII · *Vom Fiskus* · Es gab eine Zeit, in der fast alle Strafen Geldstrafen waren. Die Verbrechen der Menschen waren das Erbgut des Fürsten. Dem Wohlleben dienten die Anschläge auf die öffentliche Sicherheit; und wer zu ihrer Verteidigung bestimmt war, hatte ein Interesse daran, sie verletzt zu sehen. Der Gegenstand der Strafe war somit eine Streitsache zwischen dem Fiskus, der die Strafen beitrieb, und dem Angeklagten; eine strittige Zivilsache somit, eher privat denn öffentlich, welche dem Fiskus andere Rechte verlieh, als zur Verteidigung der Gesellschaft erforderlich, und welche dem Schuldigen andere Unbill zufügte als die, der er um der Notwendigkeit des Beispiels willen verfallen war. Der Richter war also mehr ein Anwalt des Fiskus denn ein unparteiischer Erforscher der Wahrheit, mehr ein Beauftragter der fiskalischen Interessen denn der Beschützer und Diener der Gesetze. Aber da unter diesem System das Geständnis einer Schuld mit der Anerkenntnis einer Schuld gegenüber dem Fiskus gleichbedeutend war, worauf der damalige Strafprozeß abzielte, so wurde das Geständnis des Verbrechens so eingerichtet, daß es die fiskalischen Interessen begünstigte und nicht ihnen Abbruch tat, und folglich wurde es zum Mittelpunkt, um den sich alle Strafordnungen drehen, und dies ist heute noch so, da die Wirkungen oft die Ursachen weit überdauern. Ohne Geständnis wird ein durch unumstößliche Beweise Überführter eine geringere als die festgesetzte Strafe erhalten; ohne Geständnis wird er nicht wegen anderer gleichartiger Verbrechen, die er etwa noch begangen haben könnte, auf die Folter gespannt. Mit dem Geständnis bemächtigt sich der Richter des Körpers eines Angeklagten und peinigt ihn unter methodischer Förmlichkeit, um aus ihm wie aus einem erworbenen Gut möglichst viel Gewinn zu ziehen. Ist das Vorliegen eines Verbrechens bewiesen, dann bildet das Geständnis einen überzeugenden Beweis, und um diesen Beweis weniger verdächtig zu machen, den man durch die Qualen und die Verzweiflung des Schmerzes erzwingt, läßt man gleichzeitig die Vorschrift gelten, daß ein außergerichtliches, ruhiges und gleichmütiges und nicht durch die übermächtige Furcht vor einem qualvollen Verfahren beeinflußtes Geständnis zur Verurteilung nicht genügt. Man schließt die Ermittlungen und Beweise aus, die den Tatbestand aufklären, doch die Interessen des Fiskus benachteiligen würden. Nicht aus Rücksicht auf das Elend und die Schwäche erspart man zuweilen dem Angeklagten die Folter, sondern zugunsten der Ansprüche, die dieses heute nur mehr in der Einbildung fortlebende und unbegreifliche Wesen verlieren könnte. Der Richter wird zum Feind des Angeklagten, eines gefesselten Menschen, welcher dem größten Elend, Qualen aller Art und der schrecklichsten Zukunft preisgegeben ist. Nicht sucht er die Wahrheit des Tatbestands, sondern er sucht im Gefangenen das Verbrechen, stellt ihm Fallen, glaubt zu verlieren, wenn er dabei erfolglos bleibt, und jener Unfehlbarkeit Abbruch zu tun, die der Mensch sich in allen Dingen anmaßt. Die Verdachtsgründe, die zur Festnahme führen, stehen in der Gewalt des Richters; damit jemand seine Unschuld beweise, muß er erst für schuldig erklärt werden; das nennt man einen *Offensiv-Prozeß* machen, und dieses ist das Strafverfahren fast allerorts im aufgeklärten Europa des achtzehnten Jahrhunderts. Der wahre, der *Informativ-Prozeß*, das heißt die unparteiische Ermittlung des Tatbestands, die von der Vernunft gefordert wird und nach der die Militärgesetze verfahren und die selbst vom asiatischen Despotismus bei ruhigen und unerheblichen Fällen geübt wird, findet bei den europäischen Gerichten nur ganz selten statt. Welch ein verworrenes Labyrinth befremdlicher Seltsamkeiten, die ohne Zweifel der glücklicheren Nachwelt unglaublich erscheinen werden! Doch die Philosophen werden dann in der Natur des Menschen die mögliche Erklärung für ein derartiges System finden können.

XVIII · *Von den Eiden* · Ein Widerspruch zwischen den Gesetzen und den natürlichen Gefühlen des Menschen erwächst aus den Eiden, welche dem Angeklagten abverlangt werden, auf daß er auch dann die Wahrheit sage, wenn er das größte Interesse an der Unwahrheit hat, als ob der Mensch einer Pflicht gemäß schwören könnte, zum eigenen Verderben beizutragen, als ob nicht die Religion in den meisten Menschen schweigen würde, wenn das Interesse spricht. Die Erfahrung aller Zeiten hat gezeigt, daß die Menschen nichts mehr mißbraucht haben als dieses kostbare Geschenk des Himmels. Und aus welchem Motiv sollten die Verbrecher die Religion achten, wenn Menschen, die für sehr weise gehalten wurden, sie so oft verletzt haben? Zu schwach, weil den Sinnen zu fern, sind für die meisten die Motive, welche die Religion dem Aufruhr der Furcht und der Liebe zum Leben entgegenstellt. Die Angelegenheiten des Himmels werden nach Gesetzen geleitet, die in der Tat von denen, welche die menschlichen Angelegenheiten leiten, verschieden sind. Und weshalb sollte man die einen durch die anderen gefährden? Und weshalb den Menschen in den furchtbaren Widerspruch versetzen, entweder sich gegen

Gott zu verfehlen oder zum eigenen Verderben beizutragen? Denn das Gesetz, das zu einem solchen Eid verpflichtet, befiehlt, entweder ein schlechter Christ oder ein Märtyrer zu sein. Der Eid wird nach und nach zu einer bloßen Formsache und zerstört so die Stärke der religiösen Gefühle, des einzigen Unterpfandes der Anständigkeit beim größten Teile der Menschen. Wie unnütz der Eid ist, hat die Erfahrung gezeigt; denn jeder Richter kann mir dafür als Zeuge dienen, daß noch nie ein Eid einen Angeklagten die Wahrheit zu sagen veranlaßt hat. Auch weist die Vernunft dies nach, welche alle Gesetze für unnütz und folglich schädlich erklärt, die den natürlichen Gefühlen des Menschen widerstreben. Es geschieht mit solchen Gesetzen dasselbe wie mit den Dämmen, die unmittelbar gegen die Strömung eines Flusses gesetzt werden: entweder werden sie sofort zerstört und eingeebnet, oder ein von ihnen selbst verursachter Wirbel benagt und untergräbt sie unmerklich.

XIX · *Unverzügliche Bestrafung* · Je rascher die Strafe dem Verbrechen folgt und je näher sie ihm ist, desto gerechter und nützlicher ist sie. Ich sage gerechter, weil sie dem Schuldigen die unnützen und schrecklichen Qualen der Ungewißheit erspart, die mit der Stärke der Einbildung und dem Gefühl der eigenen Ohnmacht zunehmen; gerechter, weil die Entziehung der Freiheit eine Strafe ist und als solche dem Urteil nur vorausgehen darf, soweit die Notwendigkeit dies erfordert. Das Gefängnis ist somit nur die einfache Bewachung eines Bürgers, bis er für schuldig erklärt ist; und da diese Bewachung an sich schon quälend ist, darf sie nur so kurz wie möglich dauern und so wenig hart wie möglich sein. Das Mindestmaß der Zeit muß nach der notwendigen Dauer des Prozesses und nach der zeitlichen Reihenfolge berechnet werden, der zufolge der Anspruch auf eine gerichtliche Entscheidung besteht. Die Beschränkung durch die Untersuchungshaft darf nur so weit gehen, daß die Flucht oder die Beseitigung der Beweise für das Verbrechen verhindert werden. Der Prozeß selber muß in möglichst kurzer Zeit abgeschlossen sein. Gibt es einen grausameren Gegensatz als den zwischen der Lässigkeit eines Richters und den Ängsten eines Angeklagten, den Bequemlichkeiten und der Lebenslust eines gefühllosen Beamten auf der einen und den Tränen und der Abgezehrtheit eines Gefangenen auf der anderen Seite? Im allgemeinen soll das Gewicht der Strafe und die Folge eines Verbrechens am eindrücklichsten für die anderen und von so geringer Härte wie möglich für den, der sie erleidet, sein; denn eine Gesellschaft kann nicht legitim heißen, in der es nicht ein unabdingbarer Grundsatz wäre, daß die Menschen sich nur den geringstmöglichen Übeln haben unterwerfen wollen.

Ich habe gesagt, daß die unverzügliche Bestrafung sehr nützlich ist, weil, je geringer der zeitliche Abstand zwischen Strafe und Missetat ist, desto stärker und nachhaltiger die Verbindung dieser beiden Ideen, *Verbrechen* und *Strafe*, im Bewußtsein der Menschen ist, so daß das eine als die Ursache und das andere als die notwendige und unausbleibliche Wirkung, ohne daß man darauf besonders aufmerksam wäre, angesehen wird. Es ist erwiesen, daß die Verbindung der Ideen das Bindemittel ist, aus dem das ganze Gefüge des menschlichen Verstandes sich aufbaut; ohne dies wären Lust und Schmerz isolierte Empfindungen ohne jede Wirkung. Je weiter die Menschen sich von den allgemeinen Ideen und den universellen Prinzipien entfernen, das heißt je niedriger sie stehen, desto eher werden sie von den unmittelbaren und nächsten Ideenverbindungen in Bewegung gesetzt, während sie die entfernteren und verwickelteren unbeachtet lassen, welche nur denjenigen Menschen dienlich sind, die von der Sache, auf die sie zielen, leidenschaftlich eingenommen sind; denn das Licht der Aufmerksamkeit erhellt nur einen einzigen Gegenstand und läßt die übrigen im Dunkel. Die entfernteren und verwickelteren Ideenverbindungen sind auch deshalb den bewußteren Geistern dienlich, weil diese die Gewohnheit erworben haben, viele Gegenstände mit einem Male rasch zu überschauen, und weil es ihnen leichtfällt, viele sich widersprechende Empfindungen einander gegenüberzustellen, so daß das Ergebnis, nämlich die Handlung, weniger gefährlich und ungewiß ist.

Von höchster Wichtigkeit ist somit die zeitliche Nähe von Verbrechen und Strafe, wenn man will, daß in den ungefügen Geistern der Menge bei dem verführerischen Bild eines vorteilhaften Verbrechens sofort die damit verbundene Idee der Strafe auftauche. Eine lange Verzögerung hat nur die Folge, daß sich diese beiden Ideen immer mehr voneinander entfernen, und welchen Eindruck dann auch die Sühne für ein Verbrechen macht, so macht sie diesen weniger als Sühne denn als Schaustück, und sie macht ihn nur, nachdem der Abscheu vor einem besonderen Verbrechen im Geiste der Zuschauer bereits abgeklungen ist, während er sonst dazu dienen könnte, den Eindruck der Strafe zu verstärken.

Ein anderer Grundsatz erleichert es in geradezu wunderbarer Weise, die wichtige Verknüpfung von Missetat und Strafe immer enger zu gestalten, und zwar daß diese, soweit eben möglich, der Natur des Verbrechens entsprechen soll. Diese Entsprechung verstärkt auf wunderbare Weise den Kontrast, der zwischen dem Antrieb zum Verbrechen und dem Rückschlag der Strafe bestehen soll, und das heißt, daß durch die Strafe der Geist vom Verbrechen abgewendet und auf ein demjenigen entgegengesetztes Ziel hingelenkt wird, zu welchem der verführerische Gedanke der Gesetzesübertretung ihn zu bringen sucht.

XX · *Gewalttätigkeiten* · Die einen Verbrechen sind gegen die Person, die anderen gegen das Vermögen gerichtet. Erstere müssen unter allen Umständen mit Leibesstrafen belegt werden: weder der Mächtige noch der Reiche darf den Angriff gegen den Schwachen und Armen mit Geld ablösen können; anders würde der Reichtum, welcher unter dem Schutze der Gesetze der Lohn des Fleißes ist, zu einer Stütze für die Tyrannei. Nirgends gibt es Freiheit, wo die Gesetze es erlauben, daß bei bestimmten Vorgängen der Mensch aufhört, *Person* zu sein, und zur *Sache* wird: es läßt sich dann beobachten, wie der Mächtige alles daransetzt, um unter der Menge der bürgerlichen Kombinationen diejenigen durchzusetzen, die dem Gesetz zufolge ihm günstig sind. Diese Entdeckung macht den geheimnisvollen Zauber aus, der die Bürger in unterdrückte Tiere verwandelt und dem Starken die Kette in die Hand gibt, mit der er die Handlungen der Unvorsichtigen und Schwachen fesselt. Dies ist der Grund, weshalb in einigen Regierungen, die durchaus den Eindruck der Freiheit machen, die Tyrannei versteckt ist oder unversehens in einen vom Gesetzgeber übersehenen Winkel sich einschleicht, wo sie unmerklich erstarkt und zunimmt. Meistens setzen die Menschen der offenen Tyrannei die festesten Dämme entgegen; aber sie übersehen das kaum wahrnehmbare Insekt, das an den Dämmen nagt und dem über die Ufer tretenden Fluß einen Weg bahnt, der, je versteckter, desto sicherer ist.

XXI · *Strafen der Adeligen* · Welche Strafen sollen nun den Verbrechen der Adeligen gelten, deren Privilegien einen großen Teil der Gesetze der Nationen ausmachen? Ich will hier nicht untersuchen, ob der erbliche Unterschied zwischen Adel und Volk für eine Regierung nützlich oder in einer Monarchie notwendig ist; ob es stimmt, daß der Adel eine Zwischengewalt darstellt, welche die Auswüchse der beiden Extreme beschneidet, oder ob er nicht vielmehr eine Schicht bildet, welche, gefesselt durch sich selbst und durch die anderen, alles Ansehen und alle Chancen, an denen die Menschen beteiligt wären, auf einen sehr engen gesellschaftlichen Kreis beschränkt, den fruchtbaren und lieblichen Oasen ähnlich, die in den weiten Sandwüsten Arabiens auftauchen; und ob, wenn es wahr sein soll, daß die Ungleichheit unvermeidlich oder sogar für die Gesellschaft nützlich ist, es dann gleichfalls wahr sei, daß sie eher auf der gesellschaftlichen Schicht als auf den Individuen beruhen und nur für einen Teil gelten, statt durch den ganzen politischen Körper zirkulieren, eher sich verewigen als unablässig entstehen und vergehen sollte. Ich will mich nur auf die Strafen beschränken, die dem Rang des Adels gelten, und ich behaupte, daß sie dieselben für den ersten wie für den letzten Bürger sein sollen. Jede Auszeichnung, sie bestehe in Ehren oder Reichtum, setzt, um berechtigt zu sein, eine vorhergehende auf das Gesetz gegründete Gleichheit voraus; und das Gesetz sieht alle Untertanen als in gleicher Weise von sich abhängig an. Anzunehmen ist, daß die Menschen, die auf ihren natürlichen Despotismus verzichteten, also gesagt haben: *Wer fleißiger sein wird, dem mögen größere Ehren zukommen, und sein Ruhm möge in seinen Erben fortleben; wer indessen glücklicher oder geehrter ist als die anderen, der mag noch mehr erhoffen, aber er fürchte nicht weniger als die anderen, jene Verträge zu verletzen, aufgrund derer er über die anderen hinausgehoben wurde.* Wahr ist, daß solche Beschlüsse nicht in einer Versammlung des Menschengeschlechts ergangen sind; doch sind diese Beschlüsse zugleich mit den unwandelbaren Verhältnissen der Dinge gegeben, und sie heben nicht jene Vorteile auf, von denen behauptet wird, der Adel habe sie erbracht, und sie verhindern doch die Unzuträglichkeiten, die der Adel herbeiführen könnte; sie lassen die Gesetze Furcht gebieten, indem sie der Straflosigkeit jeden Weg versperren. Wer einwenden wollte, daß dieselbe Strafe, wird sie über den Adeligen wie über den Mann aus dem Volke verhängt, wegen der Verschiedenheit der Erziehung, wegen der Schande, die sich über eine erlauchte Familie verbreitet, in Wirklichkeit nicht dieselbe ist, dem würde ich antworten, daß nicht die Empfindsamkeit des Schuldigen das Maß der Strafen zu bestimmen hat, sondern der öffentliche Schaden; und dieser ist um so größer, je begünstigter der ist, der ihn angerichtet hat. Ich würde antworten, daß die Gleichheit der Strafen anders als äußerlich nicht sein kann, da die Strafe, vom Individuum aus betrachtet, in der Tat jeweils verschieden ist; daß die Schande der unschuldigen Familie des Verbrechers dadurch getilgt werden kann, daß der Souverän ihr öffentliche Beweise des Wohlwollens zuteil werden läßt. Und wer wüßte nicht, daß die sinnfälligen Förmlichkeiten beim leichtgläubigen und zur Bewunderung neigenden Volke Vernunftgründe vertreten?

XXII · *Diebstahl* · Diebstahl, der nicht mit Gewalt verbunden war, sollte mit einer Geldstrafe belegt werden. Wer am anderen sich zu bereichern suchte, sollte an seinem Eigentum geschmälert werden. Da dieses Verbrechen jedoch für gewöhnlich nur aus Not und Verzweiflung und nur von jenem unglücklichen Teil der Menschen begangen wird, dem das Eigentumsrecht (ein schreckliches und vielleicht nicht notwendiges Recht*) bloß die nackte Existenz gelassen hat, da ferner die Geldstrafen mehr Menschen treffen, als Verbrechen begangen haben, und den Unschuldigen das Brot nehmen, um es den Verbrechern zu nehmen, so wird die angebrachteste Strafe jene Art von Knechtschaft sein, die einzig gerecht genannt werden kann, nämlich die Knechtschaft, die für eine bestimmte Zeit sowohl die Arbeit als auch die Person selber der Gesellschaft dienstbar macht, um diese durch die eigene völlige Abhängigkeit für die ungerechte und gewalttätige Anmaßung gegenüber dem Gesellschaftsvertrag zu entschädigen. Wenn indessen der

* In der ersten Auflage hieß es noch: *ein schreckliches und vielleicht notwendiges Recht*. Das Schwanken Beccarias hinsichtlich des Rechts auf Eigentum deutet die Schwierigkeit des rationalen Gedankens an, die tatsächliche durchs Eigentum vermittelte Ungleichheit mit dem Grundsatz der Gleichheit zu vereinbaren. Die Textvariante weist bereits auf jene Folgerung hin, die die sozialistische Theorie aus dem Gedanken der Egalität ziehen wird.

Diebstahl mit Gewalt verbunden war, dann muß mit der Leibesstrafe ebenso die der Knechtschaft verbunden werden. Andere Schriftsteller haben vor mir den offensichtlichen Überstand nachgewiesen, der aus der Nichtunterscheidung der Strafen für gewaltsamen und denen für listigen Diebstahl erwächst, indem auf diese unsinnige Weise eine große Geldsumme mit dem Leben eines Menschen gleichgesetzt wird; doch kann man nicht oft genug wiederholen, worauf fast nie geachtet wird. Der politische Betrieb bleibt länger als jeder andere bei der einmal in Gang gekommenen Bewegungsrichtung, und er ist der langsamste, wenn es gilt, eine neue einzuschlagen. Die beiden genannten Verbrechen sind verschiedener Natur, und auch in der Politik gilt zweifellos der mathematische Satz, daß verschiedenartige Größen die Unendlichkeit trennt.

XXIII · *Ehrlosigkeit* · Die persönlichen und gegen die Ehre, das heißt gegen jenen gerechten Anteil der Achtung, den ein Bürger von den anderen zu fordern das Recht hat, gerichteten Angriffe sollen mit dem Verlust der bürgerlichen Ehre geahndet werden. Die Ehrlosigkeit ist ein Zeichen der öffentlichen Mißbilligung, die den Schuldigen von der öffentlichen Achtung, vom Vertrauen des Vaterlandes und sozusagen jener Brüderlichkeit ausschließt, die das Leben in der Gesellschaft den Menschen einflößt. Sie unterliegt nicht dem Gesetze. Folglich sollte die Ehrlosigkeit, die das Gesetz verhängt, dieselbe sein wie jene, die aus den Verhältnissen der Dinge selber entspringt, dieselbe wie die der universellen Moral oder die der besonderen, von besonderen Systemen, Gesetzgeber der Volksmeinung und der von ihnen bestimmten Nation, abhängigen Moral. Ist die eine von der anderen verschieden, so verliert entweder das Gesetz die Achtung in der Öffentlichkeit oder es verschwinden die Vorstellungen von Moral und Rechtschaffenheit ungeachtet aller Deklamationen, die niemals dem Beispiel gegenüber sich zu behaupten vermögen. Wer an sich gleichgültige Handlungen zu ehrlosen erklärt, mindert die Ehrlosigkeit von Handlungen, die wirklich sind. Entehrende Strafen dürfen weder allzu häufig sein noch über eine allzu große Zahl von Personen auf einmal verhängt werden: ersteres nicht, weil die erfolgreiche Wirkung in Angelegenheiten der Meinung, tritt sie zu oft ein, die Macht der Meinung selber schwächt, und letzteres nicht, weil die Ehrlosigkeit vieler in der niemandes sich auflöst.

Die körperlichen und schmerzhaften Strafen dürfen nicht für Verbrechen gelten, die aus Stolz begangen werden und somit aus dem erlittenen Schmerze selber Ruhm und Nahrung ziehen; für solche Verbrechen passen Lächerlichkeit und Ehrlosigkeit, Strafen, welche den Stolz der Fanatiker durch den Stolz der Zuschauer zügeln und deren Nachhaltigkeit die Wahrheit selber sich nur allmählich unter langer und beharrlicher Anstrengung entzieht. So setzt der weise Gesetzgeber Kraft gegen Kraft und Meinung gegen Meinung und vernichtet die Bewunderung und das Staunen des Volkes, die aus einem falschen Grundsatze herrühren, dessen richtig abgeleitete Folgerungen den ursprünglichen Widersinn für gewöhnlich der Menge verdecken.

Ginge man auf diese Weise vor, so würde man weder die Verhältnisse, die zwischen den Dingen statthaben, noch deren unveränderliche Natur stören, die von der Zeit unabhängig ist, stetig sich auswirkt und alle begrenzten Satzungen, die von ihr abweichen, umstößt und zunichte macht. Nicht allein die Künste des Geschmacks und des Wohlgefallens, deren allgemeines Prinzip in der getreuen Nachahmung der Natur besteht, sondern auch die Politik, zumindest die wahre und auf Dauer angelegte, ist dieser allgemeinen Regel unterworfen, ist sie doch nichts anderes als die Kunst, die unveränderlichen Gefühle der Menschen besser zu lenken und zur Eintracht miteinander zu bringen.

XXIV · *Wer Muße hat* · Wer die öffentliche Ruhe stört, wer den Gesetzen, das heißt den Bedingungen, unter denen die Menschen einander ertragen und verteidigen, nicht gehorcht, muß aus der Gesellschaft ausgeschlossen werden, das heißt, er muß ein Geächteter sein. Es ist dies der Grund, weshalb weise Regierungen inmitten der Arbeit und des Fleißes jene Art politischen Müßiggangs nicht dulden, den strenge Moralprediger mit der Muße verwechseln, welche der durch Fleiß zustande gebrachte Reichtum gewährt, eine Muße, die notwendig und in dem Maße nützlich ist, als die Gesellschaft sich ausweitet und die Verwaltung sich einschränkt. Politischen Müßiggang nenne ich denjenigen, der weder durch Arbeit noch durch Reichtum einen Beitrag für die Gesellschaft leistet, der erwirbt, ohne jemals zu verlieren, der vom Volke in dummer Bewunderung verehrt wird und vom Weisen mit verächtlichem Mitleid für die Wesen, die ihm zum Opfer fallen, betrachtet wird; der jenes Antriebs zu einem tätigen Leben entbehrt, welcher in der Notwendigkeit besteht, die Bequemlichkeiten des Lebens zu erhalten oder zu vermehren, und der Leidenschaft des Meinungsstreits, die nicht die schwächste ist, ihre ganze Energie beläßt. Der ist in politischer Hinsicht kein Müßiggänger, der die Früchte der Laster oder der Tugenden seiner Vorfahren genießt und der, um in der Gegenwart Genuß zu haben, an die fleißige Armut Brot und Unterhalt verkauft und der friedlich den stillen Krieg des eigenen Fleißes mit dem zu erwerbenden Überfluß führt, anstatt sich auf den ungewissen und blutigen Krieg mit der Macht einzulassen. Und deshalb soll nicht die strenge und beschränkte Tugend einiger Sittenrichter, sondern das Gesetz soll bestimmen, welcher Müßiggang strafbar sei.

Es will scheinen, daß mit der Verbannung diejenigen belegt werden sollten, gegen die unter der Anklage eines furchtbaren Verbrechens zwar eine große Wahrscheinlichkeit, doch nicht die Gewißheit, schuldig zu sein, spricht; doch dazu ist eine so wenig willkürliche und eine so genaue Satzung wie möglich vonnöten, die zur Verbannung denjenigen verurteilt, welcher die Nation vor die verhängnisvolle Alternative gestellt hat, entweder ihn zu fürchten oder ihn zu verletzen, wobei sie ihm freilich das unantastbare Recht lassen würde, seine Unschuld zu beweisen. Stärker müssen dabei die Motive gegen einen Mitbürger als gegen einen Fremden sich richten, stärker gegen einen zum ersten Male Angeklagten als gegen einen, der es zum wiederholten Male ist.

XXV · *Verbannung und Gütereinziehung* · Aber dürfen die Güter dessen, welcher verbannt und für immer aus der Gesellschaft, der er angehörte, ausgeschlossen wurde, ihm entzogen werden? Diese Frage wäre unter verschiedenen Gesichtspunkten zu betrachten. Der Verlust der Güter ist eine härtere Strafe als die Verbannung; es muß folglich Fälle geben, in denen, und zwar im Verhältnis zu dem jeweiligen Verbrechen, der Verlust aller oder eines Teiles der Güter eintritt, und andere, in denen kein Gut entzogen wird. Der Verlust des ganzen Vermögens wird dann eintreten, wenn die vom Gesetz vorgeschriebene Verbannung solcherart ist, daß sie alle Beziehungen zwischen der Gesellschaft und einem straffälligen Bürger aufhebt; in diesem Falle stirbt der Bürger und der Mensch besteht fort, und hinsichtlich der politischen Körperschaft muß dies dieselbe Wirkung haben wie der natürliche Tod. Es mag somit scheinen, daß die dem Verurteilten genommenen Güter eher dessen gesetzlichen Erben als dem Fürsten zustehen; denn der Tod und eine Verbannung von dieser Art haben für die politische Körperschaft dieselbe Bedeutung. Einer derartigen Spitzfindigkeit wegen wage ich es nun doch nicht, die Gütereinziehung zu mißbilligen. Wenn einige behauptet haben, daß die Gütereinziehung die private Rache und die Übermacht einzelner im Zaume halte, so bedenken sie nicht, daß nicht immer, wenn die Strafe etwas Gutes bewirkt, sie darum gerecht ist; denn um dies zu sein, muß sie eine notwendige Strafe sein, und eine nützliche Ungerechtigkeit kann von einem Gesetzgeber nicht in Kauf genommen werden, welcher alle Pforten der wachsamen Tyrannei versperren will, die dem augenblicklichen Wohl und dem Glück einiger Erlauchter schmeichelt, während sie das künftige Verderben und die Tränen Zahlloser, die im Dunkel leben, geringschätzt. Die Gütereinziehung setzt einen Preis auf den Kopf der Schwachen, läßt den Unschuldigen die Strafe des Schuldigen erleiden und versetzt sogar die Unschuldigen in die verzweifelte Notwendigkeit, Verbrechen zu begehen. Gibt es einen traurigeren Anblick als eine Familie, die durch die Verbrechen ihres Hauptes in Schande und Elend geraten ist, wogegen die vom Gesetz befohlene Unterwerfung keine Abhilfe weiß, selbst wenn die Mittel dazu vorhanden wären!

XXVI · *Über den Familiengeist* · Diese verderblichen und von der Autorität gedeckten Ungerechtigkeiten wurden selbst von den aufgeklärtesten Menschen gebilligt; und sie waren in den freiesten Republiken üblich, da man die Gesellschaft eher als eine Vereinigung von Familien denn als eine von Menschen ansah. Angenommen, es gäbe hunderttausend Menschen oder zwanzigtausend Familien, deren jede fünf Personen einschließlich des sie vertretenden Familienhauptes zählt: wenn der gesellschaftliche Zusammenschluß nun die Familie zugrunde legt, so wird es dabei zwanzigtausend Menschen und achtzigtausend Sklaven geben; wenn hingegen der gesellschaftliche Zusammenschluß von den Menschen ausgeht, so ergäbe er hunderttausend Bürger und keinen einzigen Sklaven. Im ersten Falle wird es sich um eine Republik und zwanzigtausend kleine Monarchien, aus denen sie sich zusammensetzt, handeln; im zweiten Falle wird der republikanische Geist nicht allein auf den öffentlichen Plätzen und in den Versammlungen der Nation wehen, sondern auch innerhalb der häuslichen Mauern, wo sich viel für Glück oder Elend der Menschen entscheidet. Da im ersten Falle die Gesetze und Gewohnheiten das Ergebnis der üblichen Anschauungen sind, die von den Angehörigen der Republik beziehungsweise den Familienhäuptern geteilt werden, so wird der monarchische Geist nach und nach in die Republik selber eindringen, und seine Wirkungen werden einzig durch die entgegengesetzten Interessen eines jeden von ihnen behindert sein, nicht jedoch durch ein den Geist von Freiheit und Gleichheit atmendes Gefühl. Der Familiengeist ist ein Geist der Einzelheit und auf geringfügige Tatsachen beschränkt. Der in der Republik waltende Geist, der Bewahrer der allgemeinen Grundsätze, erfaßt die Tatsachen und bringt sie in eine Ordnung, die sich nach der Wichtigkeit für das Wohl des größten Teils bestimmt. In der aus Familien bestehenden Republik bleiben die Söhne unter der Gewalt des Familienhauptes, solange es lebt, und sie sind gezwungen, an seinen Tod die Erwartung eines allein vom Gesetz abhängigen Lebens zu knüpfen. Gewöhnt, im frischesten und kräftigsten Alter, wenn die Gefühle noch nicht so sehr durch jene aus Erfahrung gelehrige, Mäßigung genannte Furcht bestimmt sind, sich zu beugen und Angst zu empfinden, wie sollten sie da den Hinternissen standhalten, welche das Laster stets der Tugend im sich verzehrenden und hinfälligen Alter entgegensetzt, wo es zudem keine Hoffnung mehr gibt, noch die Früchte zu sehen, und dies jeder tiefgreifenden Veränderung im Wege steht?

Wenn die Republik aus einzelnen Menschen besteht, so ist die Familie nicht eine Unterordnung aus Zwang, sondern aufgrund eines Vertrages; und wenn ihr Alter die Kinder von der naturgegebenen Abhängigkeit befreit, die sich aus ihrer Schwäche, aus dem Bedürfnis nach Erziehung und Schutz ergibt, so werden sie freie Mitglieder des Staates und unterwerfen sich dem Haupt der Familie, um der Vorteile, die sie bietet, nicht sich zu begeben, so wie die freien Menschen innerhalb der großen Gesellschaft es halten. Im ersten Falle sind die Söhne, das heißt der größte und nützlichste Teil der Nation, der Gewalt der Väter ausgeliefert; im zweiten hingegen ist ihnen kein anderes als das heilige und unverletzliche Band auferlegt, das in der wechselseitigen Gewährung notwendiger Hilfe und in der Dankbarkeit für empfangene Wohltaten besteht. Und dieses Band ist weniger durch die Bosheit des menschlichen Herzens als durch eine schlecht verstandene, von den Gesetzen gebotene Unterwerfung brüchig geworden.

Diese Widersprüche zwischen den Gesetzen der Familie und den Grundgesetzen der Republik sind eine üppige Quelle weiterer Widersprüche zwischen der häuslichen und der öffentlichen Moral, weshalb sie einen beständigen Konflikt im Herzen eines jeden Menschen hervorrufen. Die häusliche Moral flößt Unterwürfigkeit und Furcht, die öffentliche Mut und Freiheit ein; jene lehrt das Wohltun auf eine kleine Zahl von Personen, bei deren Auswahl es keine Freiheit gibt, zu beschränken, diese es auf jede Klasse von Menschen auszudehnen; jene befiehlt ein ständiges Opfer seiner selbst für ein eitles Idol, welches *Wohl der Familie* heißt, oft freilich nicht einmal das Wohl eines einzigen ist, der ihr angehört; diese lehrt, dem eigenen Nutzen ohne Verletzung der Gesetze zu dienen, oder sie spornt durch den Preis der Begeisterung, die der Tat vorausgeht, zur Aufopferung für das Vaterland an. Infolge solcher Gegensätze verachten die Menschen es, der Tugend zu folgen, die ihnen verhüllt, verworren und in jener Ferne zu liegen scheint, die sich aus der Dunkelheit der physischen wie der moralischen Gegenstände ergibt. Wie oft doch ist ein Mensch, der sich seiner vergangenen Handlungen erinnert, bestürzt über die eigene Schlechtigkeit! Je größer die Zahl der Menschen innerhalb einer Gesellschaft, zu einem desto kleineren Teil des

Ganzen wird ein jedes ihrer Mitglieder, und das republikanische Gefühl nimmt im gleichen Verhältnis ab, wenn nicht die Gesetze darauf bedacht sind, es zu stärken. Die Gemeinwesen haben wie der menschliche Körper ihre bestimmten Grenzen; und wachsen sie darüber hinaus, so ist ihr innerer Haushalt notwendig gestört. Es scheint, daß die Größe eines Staates im umgekehrten Verhältnis zur Empfindsamkeit seiner Angehörigen stehen muß; sonst würden bei Zunahme der einen wie der anderen gute Gesetze bei der Vorbeugung gegen das Verbrechen ein Hindernis in eben dem durch sie bewirkten Guten finden. Eine zu große Republik entgeht dem Despotismus nur, wenn sie sich in mehrere Republiken unterteilt und diese zu einer Föderation zusammenschließt. Wie aber kann dies erreicht werden? Durch einen despotischen Diktator mit dem Mute eines Sulla und einem ebenso großen Genie der Neuschöpfung, wie jener es in der Zerstörung bewies. Ist ein solcher Mensch ehrgeizig, so erwartet ihn der Ruhm aller Jahrhunderte; ist er Philosoph, so trösten ihn die Segenswünsche seiner Mitbürger über die Einbuße, die seine Autorität erfährt, mag er nur angesichts ihrer Undankbarkeit nicht schon gleichgültig geworden sein. In demselben Maße, wie die Gefühle, die uns zur Nation vereinigen, sich abschwächen, werden die Gefühle für die Gegenstände, von denen wir umgeben sind, stärker, und deshalb sind unter dem bedrückendsten Despotismus auch die Freundschaften dauerhafter und die stets mittelmäßigen Familientugenden die gewöhnlichsten oder vielmehr die einzigen. Hieraus kann ein jeder ersehen, wie beschränkt die Ansichten der meisten Gesetzgeber gewesen sind.

XXVII · *Milde der Strafen* · Aber der Lauf meiner Gedanken hat mich von meinem Gegenstand abgebracht; zu dessen weiterer Erläuterung muß ich mich nun beeilen. Einer der stärksten Zügel des Verbrechens ist nicht die Grausamkeit der Strafen, sondern ihr unfehlbares Nichtausbleiben, und infolgedessen die Wachsamkeit der Behörden und die Strenge eines unerbittlichen Richters, mit der, soll sie eine nützliche Tugend sein, eine milde Gesetzgebung einhergehen muß. Die Gewißheit einer wenn auch mäßigen Sühne wird stets einen größeren Eindruck machen als die Furcht vor einer schrecklicheren, die mit der Hoffnung auf Straffreiheit verbunden ist; denn selbst die kleinen Übel schrecken immer, ist nur ihre Eintreten gewiß, das menschliche Herz, und die Hoffnung, ein Geschenk des Himmels, die oft bei uns für alles steht, hält stets die Vorstellung der größeren Übel fern, vor allem wenn sie noch durch die Aussicht auf das Ausbleiben der Strafe bestärkt wird, wozu sich Habgier und Schwäche oft bereit finden. Die Grausamkeit der Strafe selber läßt desto mehr darauf brennen, ihr zu entgehen, je größer das Übel ist, das einem bevorsteht; sie bewirkt, daß weitere Verbrechen begangen werden, um der Strafe für ein einziges zu entgehen. Die Länder und Zeiten des grausamsten Strafvollzugs waren stets auch die der blutigsten und unmenschlichsten Taten, weil vom selben Geist der Barbarei, der die Hand des Gesetzgebers führte, auch die des Mörders gelenkt wurde. Jener diktierte eiserne Gesetze von seinem Throne aus für die grausamen Herzen von Sklaven, und diese gehorchten. Im Dunkel des Privatlebens stiftete er zum Tyrannenmord an, um neue Tyrannen zu schaffen.

Je grausamer der Strafvollzug wird, um so mehr verhärtet sich das menschliche Herz, da es sich wie ein flüssiger Körper stets dem Niveau der es umgebenden Gegenstände anpaßt; und die immer lebendige Kraft der Leidenschaften bewirkt, daß nach hundert Jahren grausamer Strafe das Rädern nicht abschreckender ist als einst das Gefängnis. Damit eine Strafe ihre Wirkung habe, genügt es, daß sie ein Übel ist, welches den aus dem Verbrechen erwachsenden Vorteil überwiegt; und bei diesem Überschuß des Übels muß die Unausbleiblichkeit der Strafe und der Verlust des Vorteils, den das Verbrechen bringen mag, mitgerechnet werden. Was darüber hinausgeht, ist folglich überflüssig und somit tyrannisch. Die Menschen richten sich nach der wiederholten Wirkung des Übels, das sie kennen, und nicht dessen, das sie nicht kennen. Man denke sich zwei Nationen; in der einen wäre in der den Verbrechen entsprechenden Abstufung der Strafen die größte die lebenslängliche Zwangsarbeit und in der anderen das Rad. Ich behaupte nun, daß die erste ebenso große Furcht der Höchststrafe haben wird wie die zweite;* und sollten aus irgendeinem Grunde die höchsten Strafen der zweiten Nation bei der ersten eingeführt werden, so würde derselbe Grund dazu dienen können, die Strafen der zweiten weiter zu verschärfen, indem man, ohne daß dies einen Eindruck machte, vom Rad zu langsameren und ausgesuchteren Martern, schließlich bis zum letzten Raffinement einer Wissenschaft, welche die Tyrannen nur allzu gut kennen, gelangen würde.

Zwei andere schlimme Folgen, die dem Zweck der

---

* Eine Erkenntnis Montesquieus, *Esprit des lois* VI, 12; ähnlich bereits *Lettres Persanes*, *LXXX*.

Verhütung des Verbrechens geradezu widersprechen, entstehen aus der Grausamkeit der Strafe. Die erste besteht darin, daß es nicht so leicht ist, das wesentliche Verhältnis zwischen Verbrechen und Strafe zu wahren, weil, sosehr auch immer eine erfinderische Grausamkeit die Strafarten variiert haben mag, diese doch nicht jene letzte Schranke überschreiten können, die mit der Organisation und der Empfindungsfähigkeit des Menschen gegeben ist. An dieser äußersten Grenze angelangt, würde man für noch schädlichere und grausamere Verbrechen keine entsprechend größere Strafe mehr finden, wie es zu ihrer Verhütung angebracht wäre. Die andere Folge besteht darin, daß die Straflosigkeit von eben der Grausamkeit der Strafen verursacht wird. Die Menschen bewegen sich, im Guten wie im Bösen, in bestimmten Grenzen, und ein für die Menschheit allzu grausames Schauspiel vermag nur einen vorübergehenden Wutausbruch darzustellen, niemals indessen ein beständiges System, wie das Gesetz es sein muß. Sind die Gesetze also wirklich grausam, so werden sie entweder geändert oder die verderbliche Straflosigkeit erwächst aus ihnen selber.

Wer erschauert nicht beim Lesen der Geschichte über die barbarischen und unnützen Qualen, welche von Menschen, die sich weise dünkten, kalten Herzens erfunden und angewandt wurden? Wer fühlt sich nicht in seiner tiefsten Empfindsamkeit erzittern, wenn die Tausende Unglücklicher vor seinem Auge erscheinen, die ein von den Gesetzen, welche stets wenige begünstigt und die Mehrzahl verletzt haben, beabsichtigtes oder geduldetes Elend zu einer verzweifelten Rückkehr in den ursprünglichen Naturzustand zwang, mochten sie nun entweder unmöglicher und von furchtsamer Unwissenheit erfundener Verbrechen angeklagt oder keines anderen als der Treue zu den eigenen Grundsätzen bezichtigt worden sein – und alles dies haben ihnen Menschen angetan, die, mit denselben Sinnen und folglich denselben Leidenschaften begabt, mit überlegter Förmlichkeit und unter langsamen Qualen sie zur Augenweide für eine fanatische Menge zerfleischen ließen.

XXVIII · *Über die Todesstrafe* · Die unnütze Häufigkeit der Strafen, die noch nie die Menschen besser gemacht hat, hat mich zur Prüfung der Frage veranlaßt, ob für eine wohleingerichtete Regierung die Todesstrafe wirklich nützlich und gerecht ist. Mit welchem Recht maßen es die Menschen sich an, ihresgleichen zu töten? Es kann dies gewiß nicht jenes sein, von dem die Souveränität und die Gesetze sich herleiten. Diese sind nur die Summe kleinster Teile der privaten Freiheit eines jeden; sie stellen den Gesamtwillen dar, der die Zusammenfassung der einzelnen ist. Kann überhaupt jemals einer anderen Menschen die Befugnis, ihn zu töten, überlassen haben? Kann in dem kleinsten Opfer der Freiheit eines jeden das des größten aller Güter, des Lebens, enthalten sein? Und wenn es so gewesen sein soll, wie läßt dann ein solcher Grundsatz mit jenem anderen sich vereinbaren, daß der Mensch nicht Herr darüber sei, sich selbst zu töten, was er doch hätte sein müssen, wenn er anderen oder der gesamten Gesellschaft dieses Recht hat verleihen können?

Folglich stellt die Todesstrafe kein *Recht* dar, und sie kann kein Recht sein, wie ich bewiesen habe; sondern sie ist ein Krieg der Nation gegen einen Bürger, weil sie die

Vernichtung seines Daseins für notwendig oder nützlich erachtet. Wenn ich jedoch beweisen werde, daß der Tod weder nützlich noch notwendig ist, so habe ich für die Sache der Menschheit den Sieg errungen.

Der Tod eines Bürgers kann nur aus zwei Beweggründen für notwendig gehalten werden. Der erste ist dann gegeben, wenn er auch unter dem Entzug der Freiheit noch derartige Beziehungen und eine so große Macht hat, daß die Sicherheit der Nation davon betroffen ist und die Tatsache daß er lebt, eine gefährliche Umwälzung der bestehenden Regierungsform hervorrufen könnte. Der Tod eines Bürgers wird somit dann notwendig, wenn die Nation ihre Freiheit wiedererlangt oder verliert, oder in einer Zeit der Anarchie, in welcher Unordnung für das Gesetz steht. Doch während der ungestörten Herrschaft des Gesetzes, unter einer Regierungsform, welche die einmütige Zustimmung der Nation hat und nach außen wie nach innen durch die Macht und durch die Meinung, welch letztere vielleicht wirksamer als die Macht selber ist, geschützt wird, wo die Befehlsgewalt nur beim wirklichen Souverän ruht, wo die Reichtümer Genuß und nicht Autorität gewähren, sehe ich keine Notwendigkeit, einen Bürger zu vernichten, es sei denn, sein Tod wäre der rechte und einzige Zügel, um die anderen von der Begehung des Verbrechens abzuhalten: und dies ist der zweite Beweggrund, aus dem die Todesstrafe für gerecht und notwendig gehalten werden kann.

Wenn die Erfahrung aller Jahrhunderte, in denen der Scharfrichter die zur Tat entschlossenen Menschen niemals von Angriffen auf die Gesellschaft abgehalten hat, wenn das Beispiel der römischen Bürger und die zwanzigjährige Regierung der Kaiserin Elisabeth von Moskau,* in welcher sie den Vätern der Völker jenes erhabene Beispiel gab, das gewiß viele mit dem Blute der Söhne des Vaterlandes erkaufte Eroberungen aufwiegt, die Menschen nicht hat überzeugen können, denen die Sprache der Vernunft immer verdächtig und die der Herrschaft eindrucksvoll ist, so genügt es, bei der Natur des Menschen sich Rat zu holen, um die Wahrheit meiner Behauptung einzusehen.

Nicht die Heftigkeit der Strafe hat die größere Wirkung auf das menschliche Gemüt, sondern ihre Dauer; denn unsere Empfindsamkeit wird leichter und nachhaltiger durch kleine doch wiederholte Eindrücke bewegt als durch eine starke doch vorübergehende Bewegung. Der Macht der Gewohnheit unterliegen alle empfindenden Wesen; und wie der Mensch mit ihrer Hilfe spricht und geht und für seine Bedürfnisse sorgt, so prägen sich die moralischen Ideen nur durch dauernde und wiederholte Erschütterungen ein. Nicht das schreckliche aber vorübergehende Schauspiel des Todes eines Verbrechers, sondern das lange und fortwährende Beispiel eines der Freiheit beraubten Menschen, der, zum dienstbaren Tier geworden, durch seine Arbeit die von ihm beleidigte Gesellschaft entschädigt, hält am stärksten vom Verbrechen ab. Die wirksame, weil sehr oft wiederholte Anwendung auf uns selbst: *auch ich werde ebenso lange in eine so elende Lage versetzt sein, wenn ich ähnliche Missetaten begehe*, ist weitaus mächtiger als der Gedanke an den Tod, den die Menschen stets in undeutlicher Ferne sehen.

---

* Sie lebte von 1709 bis 1761. Bei ihrer Thronbesteigung im Jahre 1741 gelobte sie, während ihrer Regierung kein Todes-Urteil vollstrecken zu lassen. Sie schaffte schließlich mit den Erlassen von 1753 und 1754 die Todesstrafe ab.

Die Todesstrafe macht einen Eindruck, der bei aller Mächtigkeit das rasche Vergessen nicht hindert, das den Menschen selbst bei den wesentlichsten Angelegenheiten natürlich ist und durch die Leidenschaften noch beschleunigt wird. Allgemeine Regel: die heftigen Leidenschaften überwältigen die Menschen, doch nicht für lange, und deshalb sind sie geeignet, jene Umwälzungen zustande zu bringen, die aus gewöhnlichen Menschen entweder Perser oder Spartaner machen. Aber unter einer freien und ruhigen Regierung müssen die Eindrücke häufiger als stark sein.

Die Todesstrafe wird für die meisten zu einem bloßen Schaustück und für einige zu einem Gegenstand des mit Verachtung gemischten Mitleids. Diese beiden Empfindungen beherrschen den Geist der Zuschauer mehr als die heilsame Furcht, die das Gesetz einzuflößen beansprucht. Aber bei maßvollen und fortdauernden Strafen ist die letztere die beherrschende Empfindung, weil sie die einzige ist. Die Grenze, die der Gesetzgeber der Härte der Strafen setzen sollte, scheint mit der Empfindung des Mitleids gegeben zu sein, und zwar da, wo dieses über jede andere Empfindung in der Seele der Zuschauer bei einer Hinrichtung, die mehr für sie als für den Schuldigen veranstaltet wird, die Oberhand gewinnt.

Damit eine Strafe gerecht sei, darf sie keinen höheren Grad der Intensität haben, als zur Abhaltung der Menschen vom Verbrechen genügt; nun gibt es niemanden, der, wenn er nur darüber nachgedacht hat, den völligen und lebenslänglichen Verlust der eigenen Freiheit wählen könnte, wie vorteilhaft auch immer ein Verbrechen sein möchte: folglich genügt die Intensität der Strafe der lebenslänglichen Zwangsarbeit, an die Stelle der Todesstrafe gesetzt, um den zum Verbrechen entschlossenen Geist abzuschrecken. Ich füge hinzu, sie genügt zu mehr: sehr viele betrachten den Tod mit gelassenem und festem Blick, mancher aus Fanatismus, mancher aus Eitelkeit, die fast immer den Menschen über das Grab hinaus begleitet; mancher endlich, weil er mit einem letzten und verzweifelten Versuch entweder seinem Leben oder seinem Elend ein Ende setzen will. Aber weder der Fanatismus noch die Eitelkeit halten stand unter Fesseln und Ketten, unter Schlägen, unterm Joch, im eisernen Käfig; und der Verzweifelte bereitet seinen Übeln kein Ende, sondern beginnt sie. Unser Gemüt widersteht leichter der Gewalt und dem heftigsten doch vorübergehenden Schmerze als der Zeit und der unaufhörlichen Trübsal; denn es kann sozusagen sich selbst für einen Augenblick ganz zusammenziehen, um die ersteren von sich abzuweisen; doch reicht seine hohe Spannkraft nicht hin, um der lange Zeit hindurch wiederholten Wirkung der letzteren standzuhalten. Bei der Todesstrafe setzt jedes Beispiel ihrer Anwendung, das der Nation gegeben wird, ein neues Verbrechen voraus; bei der Strafe der lebenslänglichen Zwangsarbeit bietet ein einziges Verbrechen sehr oft und immer wieder ein Beispiel; und wenn es wichtig ist, daß die Menschen häufig die Macht des Gesetzes wahrnehmen, so dürfen die Hinrichtungen zeitlich nicht allzulange auseinanderliegen: folglich setzen sie voraus, daß häufig Verbrechen geschehen, folglich darf, damit diese Strafe ihren Nutzen hat, sie die Menschen nicht ganz so beeindrucken, wie sie es sollte, das heißt, sie muß nützlich und nutzlos zu gleicher Zeit sein. Wer behaupten wollte, daß die lebenslängliche Zwangsarbeit ebenso schmerzlich wie der Tod und deswegen im gleichen Maße grausam sei, dem würde ich antworten, daß, zählt man alle unglücklichen Augenblicke der Sklaverei zusammen, sie vielleicht noch schmerzlicher ist; diese Augenblicke erstrecken sich jedoch auf das ganze Leben, während die Todesstrafe ihren Eindruck in einem Augenblick erschöpft; und gerade darin liegt der Vorteil der Freiheitsstrafe, daß sie mehr denjenigen erschüttert, dem sie zum Anblick wird, als den, der sie erleidet; denn der erste ermißt die ganze Summe der unglücklichen Augenblicke, während der zweite durch das Unglück des ihm gegenwärtigen Augenblicks von dem der Zukunft abgelenkt wird. Alle Übel vergrößern sich in der Einbildungskraft, und der Leidende findet Linderung und Trost, von denen er vorher nichts wußte und die er nicht vermutete, bei den Zuschauern, die die eigene Empfindsamkeit auf das verhärtete Gemüt des Unglücklichen übertragen.

Dies ungefähr ist die Überlegung eines Räubers oder Mörders, für den es kein anderes Gegengewicht, das ihn von der Verletzung der Gesetze abhält, gibt als den Galgen oder das Rad. Ich weiß, daß es eine Kunst ist, die man nur durch Erziehung lernt, die Empfindungen der eigenen Seele darzustellen; mag indessen ein Räuber seine Grundsätze nicht recht in Worte fassen können, so bestimmen sie ihn darum nicht weniger. *Was für Gesetze sind es, die ich achten soll, und die einen so großen Abstand zwischen mir und dem Reichen lassen? Er verweigert mir den Groschen, um den ich ihn angehe, und er rechtfertigt sich damit, daß er mir eine Arbeit befiehlt, deren Mühsal er nicht kennt. Wer hat diese Gesetze gemacht? Reiche und mächtige Menschen, die nie sich dazu herabließen, die dürftige Hütte des Armen zu besuchen, die nie ein verschimmeltes Brot unter dem unschuldigen Schreien der hungernden Kinder, unter den Tränen der Gattin verteilten. Laßt uns diese für die Mehrzahl verhängnisvollen und nur für wenige träge Tyrannen nützlichen Bande zerreißen, laßt uns die Ungerechtigkeit an ihrer Quelle angreifen. Ich werde in den Stand meiner natürlichen Unabhängigkeit zurückkehren, werde frei und glücklich für einige Zeit von dem Ertrag meines Mutes und meiner Findigkeit leben; vielleicht wird für mich der Tag des Schmerzes und der Reue kommen, aber er wird nicht lange währen, und ich habe mit einem Tag des Leidens viele Jahre der Freiheit und des Genusses erkauft. König einer kleinen Zahl, werde ich die Irrtümer des Glücks berichtigen, und ich werde die Gewalthaber erbleichen und zittern sehen in Gegenwart derer, die sie in beleidigendem Stolz geringer achteten als ihre Pferde und Hunde.* Dann stellt die Religion sich dem Geiste des Verbrechers, der alles mißbraucht, vor Augen, und indem sie ihm eine leichte Reue und fast die Gewißtheit ewiger Glückseligkeit gewährt, vermindert sie um vieles den Schrecken des letzten schmerzlichen Aktes.

Wer dagegen eine große Zahl von Jahren oder auch den ganzen weiteren Lauf eines Lebens vor sich sieht, das er in Sklaverei und Mühsal im Angesichte seiner Mitbürger, mit denen er einst frei und gesellig lebte, als Sklave jener Gesetze zubringen soll, unter deren Schutz er gestanden, der stellt einen nützlichen Vergleich an zwischen alledem und der Ungewißheit des Ausgangs seiner Verbrechen sowie der Kürze der Zeit, in der er deren Früchte genießen mag. Das andauernde Beispiel derer, die ihm als Opfer ihrer eigenen Unüberlegtheit gegenwärtig sind, macht auf ihn einen doch wohl tieferen Eindruck als der Anblick einer Hinrichtung, die ihn eher verhärtet als bessert.

Die Todesstrafe ist durch das Beispiel der Grausamkeit, das sie den Menschen bietet, keineswegs nützlich. Wenn die Leidenschaften oder die Notwendigkeit des Krieges gelehrt haben, Menschenblut zu vergießen, so sollten die das Verhalten der Menschen regelnden Gesetze nicht ein weiteres Beispiel der Wildheit geben, das um so verhängnisvoller ist, als der gesetzliche Tod überlegt und förmlich vollzogen wird. Es scheint mir widersinnig, daß die Gesetze, die der Ausdruck des öffentlichen Willens sind und die Tötung eines Menschen ablehnen und bestrafen, selber sie vornehmen und, um die Bürger vom Mord abzuhalten, einen öffentlichen Mord anordnen. Was denn sind die wahren, die nützlichsten Gesetze? Die Verträge und die Bedingungen, die alle beachten und vorschlagen würden, solange die Stimme des privaten Interesses, die immer unser Gehör findet, schweigt oder mit dem öffentlichen Interesse übereinstimmt. Was empfindet ein jeder bei der Todesstrafe? Wir erkennen es aus dem Unwillen und der Verachtung, mit denen jeder dem Scharfrichter begegnet, der doch nur ein unschuldiger Vollzieher des öffentlichen Willens, ein guter Bürger, der zum öffentlichen Wohl beiträgt, das notwenige Werkzeug der öffentlichen Sicherheit im Innern ist, wie es die tapferen Soldaten nach außen sind. Wo also entspringt dieser Widerspruch? Und warum ist in den Menschen diese Empfindung aller Vernunft zum Hohne unzerstörbar? Weil die Menschen im Innersten ihres Herzens, wo mehr als anderswo in ihnen die alte Natur in ihrer ursprünglichen Form sich erhalten hat, stets geglaubt haben, ihr eigenes Leben stehe in niemandes Macht außer in der der Notwendigkeit, die mit ihrem eisernen Zepter das Universum regiert.

Was müssen die Menschen denken, wenn sie sehen,

wie weise Amtspersonen und ernste Priester der Gerechtigkeit mit gleichgültiger Ruhe unter feierlichen Zurüstungen einen Schuldigen zur Hinrichtung schleppen und wie der Richter, während ein elender Mensch in der Erwartung des tödlichen Streiches die letzten Ängste aussteht, mit unempfindlicher Kälte und vielleicht sogar mit geheimem Gefallen an der eigenen Autorität davongeht, die Annehmlichkeiten und die Lust des Lebens zu genießen? *Ach*, werden sie sagen, *diese Gesetze sind nichts anderes als der Vorwand der Macht; und die überlegten und grausamen Förmlichkeiten der Justiz, sie sind nur die Sprache einer Übereinkunft zu dem Zwecke, uns mit größerer Sicherheit als die für das unersättliche Idol des Despotismus bestimmten Opfer abzuschlachten.*

Den Mord, der uns als eine furchtbare Missetat gepredigt wurde, ihn sehen wir nun ohne Widerwillen und ohne Aufregung vollzogen. Machen wir uns dieses Beispiel zunutze. Der gewaltsame Tod erschien in den Beschreibungen, die man uns davon gab, als eine schreckliche Szene; doch nun sehen wir ihn als die Sache eines Augenblicks. Wieviel weniger wird er erst für den sein, der ihn nicht erwartet und dem fast alles erspart bleibt, was er an Schmerzlichem hat. Dieses sind die verderblichen Trugschlüsse, die, wenn auch nicht klar, so wenigstens undeutlich von den zum Verbrechen hinneigenden Menschen gezogen werden, über die, wie wir gesehen haben, der Mißbrauch der Religion mehr vermag als diese selber.

Wenn man mir das Beispiel fast aller Zeiten und fast aller Staaten, die auf einige Verbrechen die Todesstrafe gesetzt haben, entgegenhielte, so würde ich erwidern, daß dieses Beispiel im Angesicht der Wahrheit zunichte wird, der gegenüber es keine Verjährung gibt, der Wahrheit, daß die Geschichte der Menschen uns die Idee eines unermeßlichen Meeres von Irrtümern vermittelt, zwischen denen wenige und undeutliche Wahrheiten in großen Abständen voneinander zutage treten. Die Menschenopfer hatten fast alle Nationen gemein, und wer wird es wagen, sie zu entschuldigen? Daß einige wenige Gemeinwesen, und nur für kurze Zeit, sich der Todesstrafe enthalten haben, spricht eher für mich als gegen mich; denn es stimmt mit dem Schicksal der großen Wahrheiten überein, deren Dauer nur ein Blitz im Vergleich mit der langen finsteren Nacht ist, in welcher die Menschen befangen sind. Noch ist die glückliche Zeit nicht angebrochen, in der die Wahrheit, wie bisher der Irrtum, der großen Mehrheit gehört, und von diesem überall gültigen Gesetz waren bis jetzt einzig die Wahrheiten ausgenommen, welche die unendliche Weisheit von den übrigen hat trennen wollen, indem sie sie offenbarte.

Die Stimme eines Philosophen ist zu schwach gegen den Lärm und das Geschrei der vielen, die von blinder Gewohnheit geleitet werden. Aber die wenigen Weisen, die auf dem Erdenrund zerstreut sind, werden im Innersten ihres Herzens mit mir übereinstimmen; und wenn durch die unzähligen Hindernisse, die die Wahrheit gegen seinen Willen von einem Monarchen fernhalten, sie bis zu seinem Throne dringen könnte, so möge er wissen, daß die geheimen Wünsche aller Menschen sie begleiten; er möge wissen, daß vor ihr der blutige Ruhm der Eroberer verstummen und die gerechte Nachwelt ihr den ersten Platz unter den friedlichen Siegeszeichen eines Titus, eines Antonius und eines Trajan zuerkennen wird.

Glücklich die Menschheit, wenn sie jetzt zum ersten

Male Gesetze erhielte, da wir auf den Thronen Europas wohltätige Monarchen sehen, Förderer der friedlichen Tugenden, der Wissenschaften und der Künste, Väter ihrer Völker, gekrönte Bürger, deren erweiterte Autorität das Glück der Untertanen ausmacht, weil sie den Despotismus der Zwischenschichten aufhebt, der, da weniger gesichert, grausamer ist und von dem die stets aufrichtigen und stets, wenn sie bis zum Throne gelangen können, segenbringenden Stimmen des Volkes erstickt wurden! Wenn sie, sage ich, die alten Gesetze bestehen lassen, so liegt dies an der unabsehbaren Schwierigkeit, die Irrtümer vom verehrten Rost vieler Jahrhunderte zu befreien, und dies ist für die aufgeklärten Bürger ein Grund, die ständige Zunahme der fürstlichen Macht noch sehnlicher zu wünschen.

XXIX · *Von der Untersuchungshaft* · Ein nicht weniger verbreiteter als dem Zweck der Gesellschaft, der in der Wertschätzung der eigenen Sicherheit besteht, zuwiderlaufender Irrtum liegt darin, daß man es dem Belieben der die Gesetze ausführenden Behörden überläßt, einen Bürger zu verhaften, einem Gegner unter leichtfertigem Vorwand die Freiheit zu nehmen und einen Freund trotz der stärksten Anzeichen für seine Schuld unbestraft zu lassen. Die Haft ist eine Strafe, die zum Unterschied von jeder anderen notwendigerweise der gerichtlichen Feststellung des Verbrechens vorausgehen muß; aber dieses unterscheidende Merkmal hebt jenes andere und wesentliche nicht auf, nämlich daß allein das Gesetz die Fälle bestimmt, in denen ein Mensch Strafe verdient. Das Gesetz muß folglich die Verdachtsgründe eines Verbrechens benennen, die die Verhaftung des Beschuldigten rechtfertigen und ihn einer Untersuchung sowie einer Strafe unterwerfen. Das öffentliche Gerücht, die Flucht, das außergerichtliche Geständnis, das Geständnis eines Mittäters, die Drohungen und die dauernde Feindschaft des Verletzten, Beweisstücke und ähnliche Anzeichen der Schuld reichen für die Verhaftung eines Bürgers aus; aber diese Beweismittel müssen vom Gesetz und nicht von den Richtern festgelegt werden, deren Erlasse immer der politischen Freiheit zuwiderlaufen, wenn sie nicht die Anwendung einer allgemeinen Bestimmung des öffentlichen Gesetzbuchs auf einen besonderen Fall darstellen. Im gleichen Maße, wie die Strafen milder, wie Elend und Hunger in den Gefängnissen beseitigt sein, wie Mitleid und Menschlichkeit die verriegelten Pforten durchdringen und die unerbittlichen und verhärteten Diener der Gerechtigkeit lenken werden, wird sich das Gesetz mit immer geringeren Verdachtsgründen bei der Verhaftung begnügen können. Wer, eines Verbrechens beschuldigt, verhaftet und freigesprochen wurde, sollte keine Spur von Ehrlosigkeit davontragen. Wie viele Römer, die der schwersten Verbrechen angeklagt waren und die man danach unschuldig befand, wurden vom Volke verehrt und durch Ämter ausgezeichnet! Aber aus welchem Grunde ist in unserer Zeit das Los eines Unschuldigen hiervon so verschieden? Weil, so scheint es, in unserem gegenwärtigen Strafsystem der Meinung der Menschen zufolge die Vorstellung von Gewalt und bloßer Macht die der Gerechtigkeit überflügelt, weil man unterschiedslos Untersuchungshäftlinge und Strafgefangene in dasselbe Verlies wirft, weil das Gefängnis mehr eine Strafe als eine Bewachung des Beschuldigten darstellt und weil die innere, die schützende Gewalt des Gesetzes von der äußeren, den Thron und die Nation verteidigenden Gewalt getrennt ist, während sie doch vielmehr vereint sein sollten. So wäre die erste durch das Mittel des allgemeinen Beistandes der Gesetze der richterlichen Gewalt beigeordnet, ohne von ihr mit unmittelbarer Amtsgewalt abhängig zu sein, und der Glanz, der das Gepränge eines militärischen Aufzugs begleitet, würde die Schande hinwegnehmen, die, wie jedes Gefühl des Volkes, eher an der Form als an der Sache selber haftet; und dies wird auch dadurch bewiesen, daß die Soldatengefängnisse in der öffentlichen Meinung nicht so entehrend sind wie die der Gerichtsbarkeit. Im Volke, in Sitte und Gesetz, welche stets um mehr als ein Jahrhundert hinter dem jeweiligen Stand der Aufklärung in einer Nation zurückbleiben, dauern immer noch die barbarischen Eindrücke und die rohen Vorstellungen der nördlichen Jäger, die unsere Väter waren, fort.

Einige haben behauptet, daß ein Verbrechen, das heißt eine dem Gesetz zuwiderlaufende Handlung, an jedem Ort bestraft werden könne, wo es begangen worden ist, als wäre der Charakter des Untertanen unauslöschlich, nämlich synonym mit dem des Sklaven, ja niedriger als dieser; als könnte jemand der Untertan einer Herrschaft sein, doch auf dem Gebiete einer anderen wohnen und als könnten seine Handlungen widerspruchslos zwei Herrschern und zwei vielfach einander widersprechenden Gesetzbüchern unterstehen. Einige glauben ebenso, daß eine grausame Tat, die beispielsweise in Konstantinopel begangen wird, in Paris bestraft werden könne, und zwar aus dem abstrakten Grund, daß, wer die Menschheit beleidigt, es verdient, die ganze Menschheit zum Feinde zu haben und überall verabscheut zu werden, als wären die

Richter die Rächer der Empfindsamkeit der Menschen und nicht vielmehr die der Verträge, durch welche sie miteinander verbunden sind. Der Ort der Strafe ist der Ort des Verbrechens, weil allein dort und nicht anderswo die Menschen dazu gezwungen sind, gegen einen einzelnen vorzugehen, um der Gefährdung der Allgemeinheit vorzubeugen. Ein Verbrecher, der indessen nicht die Verträge eines Gemeinwesens gebrochen hat, dessen Mitglied er nicht war, kann gefürchtet sein und folglich durch die höhere Gewalt des Gemeinwesens des Landes verwiesen und von ihm ferngehalten werden; aber er darf nicht mit der Frömmigkeit der Gesetze, durch die die Verträge gewahrt werden, und nicht der inneren Bosheit seiner Taten wegen bestraft werden. Die leichterer Verbrechen Schuldigen pflegen entweder in der Verborgenheit eines Gefängnisses bestraft zu werden oder damit, daß man sie zur Zwangsarbeit in ein fernes Land schickt, wo sie Nationen, gegen die sie sich nicht vergangen haben, ein kaum nützliches Beispiel bieten. Da die Menschen zur Begehung der schwersten Verbrechen nicht leichtfertig sich bereitfinden, wird die öffentliche Strafe einer großen Missetat von der Mehrzahl als etwas Fremdes, das sie selbst nicht treffen kann, angesehen; aber die öffentliche Strafe für leichtere Verbrechen, die der Seelenverfassung des Menschen näherliegen, wird einen Eindruck machen, der die Seele von diesen abbringt und um so mehr sie von jenen fernhält. Die Strafen müssen nicht nur in ihrer Schwere dem Verhältnis zueinander und zu den Verbrechen angemessen sein, sondern auch in der Weise ihres Vollzugs. Einige befreien von der Strafe eines kleinen Verbrechens, wenn der verletzte Teil es verzeiht, was ein Akt des Wohltuns und der Menschlichkeit ist, doch dem öffentlichen Wohl entgegensteht, als ob ein einzelner Bürger zugleich mit seiner Verzeihung die Notwendigkeit des Beispiels ebenso aufheben könnte, wie er die Entschädigung für den ihm zugefügten Schaden erlassen kann. Das Recht zur Verhängung von Strafe ist nicht das eines einzelnen, sondern das aller Bürger oder des Souveräns. Der einzelne kann nur auf seinen Anteil am Recht verzichten, doch nicht den der anderen außer Kraft setzen.

XXX · *Gerichtsverfahren und Verjährung* · Sind die Beweise bekannt und hat sich die Gewißheit des Verbrechens herausgestellt, so ist es notwendig, dem Angeklagten ausreichende Zeit und geeignete Mittel für seine Verteidigung zu gewähren; doch soll diese Zeit so kurz bemessen sein, daß sie einer raschen Bestrafung keinen Abbruch tut, die, wie wir gesehen haben, eines der wichtigsten Mittel zur Einschränkung der Verbrechen ist. Eine falsch verstandene Menschenliebe scheint dieser kurzen Bemessung der Zeit entgegenzustehen; doch wird jeder Zweifel schwinden, wenn man bedenkt, daß die Gefährdung derer, die nicht schuldig sind, mit den Mängeln der Gesetzgebung zunimmt.

Die Gesetze müssen jedoch einen gewissen Zeitraum sowohl für die Verteidigung des Angeklagten als auch für den Beweis des Verbrechens bestimmen, und der Richter würde selber zum Gesetzgeber werden, wenn er es zu entscheiden hätte, welche Zeit für den Nachweis eines Verbrechens erforderlich ist. Ebenso verdienen jene furchtbaren Verbrechen, die lange im Gedächtnis der Menschen bleiben, wenn sie erwiesen sind, keine Verjährung zugunsten des Schuldigen, der sich durch die

Flucht entzogen hat; die geringfügigeren und dunkel gebliebenen Verbrechen jedoch sollen mit der Verjährung die Ungewißheit über das Schicksal eines Bürgers hinwegnehmen, weil das Dunkel, in das die Verbrechen geraume Zeit gehüllt blieben, das Beispiel der Straflosigkeit unwirksam macht, wobei dem Schuldigen zudem die Möglichkeit gelassen ist, sich zu bessern. Es genügt mir, diese Grundsätze anzudeuten, weil eine genaue Grenze nur durch eine bestimmte Gesetzgebung und unter den bestimmten Verhältnissen einer Gesellschaft sich ziehen läßt; hinzufügen will ich nur noch, daß, wenn der Nutzen milder Strafen für eine Nation erwiesen ist, die Gesetze, die im Verhältnis zu den Verbrechen die Zeit der Verjährung oder die Zeit für die Beweisführung abkürzen oder verlängern, indem sie so schon aus der Untersuchungshaft oder dem freiwilligen Exil einen Teil der Strafe machen, eine leicht anwendbare Verteilung weniger milder Strafen für eine große Zahl von Verbrechen vorsehen sollten.

Aber diese Fristen sollten nicht im genauen Verhältnis zu der Schwere der Verbrechen zunehmen, da die Wahrscheinlichkeit der Verbrechen im umgekehrten Verhältnis zu ihrer Schwere steht. Folglich muß die Dauer der Untersuchung kürzer und die Frist für die Verjährung länger werden, was als ein Widerspruch zu meinen früheren Ausführungen erscheinen könnte, indem nämlich gleiche Strafen für ungleiche Verbrechen verhängt würden, wenn man die Zeit der Untersuchungshaft oder der Verjährung, welche dem Urteilsspruch, einer Strafe gleich, vorausgeht, in Rechnung stellt. Um dem Leser meine Ansicht zu erläutern, unterscheide ich zwei Klassen von Verbrechen: die erste, die der schweren Verbrechen, beginnt mit dem Mord und umfaßt auch die noch darüber hinausgehenden Ruchlosigkeiten; die zweite ist die der leichteren Verbrechen. Diese Unterscheidung ist in der menschlichen Natur begründet. Die Sicherheit des eigenen Lebens ist ein von der Natur verliehenes Recht, die Sicherheit des Vermögens ein gesellschaftliches Recht. Die Zahl der Beweggründe, welche die Menschen über die Grenzen des natürlichen Gefühls der Pietät hinaustreiben, ist weitaus geringer, als die Zahl der Beweggründe, die aus dem natürlichen Begehren, glücklich zu sein, sie zur Verletzung eines Rechts treiben, das sie nicht in ihren Herzen, sondern in den Übereinkünften der Gesellschaft antreffen. Der überaus große Unterschied in der Wahrscheinlichkeit dieser beiden Klassen erfordert, daß sie verschiedenen Grundsätzen unterliegen: bei den schwersten, folglich selteneren Verbrechen muß die Zeit der Untersuchung infolge der erhöhten Wahrscheinlichkeit der Unschuld des Angeklagten kürzer sein, und gleichzeitig muß die Verjährungsfrist länger werden, weil es vom endgültigen Urteil über die Unschuld oder die Schuld eines Menschen abhängt, daß ihm die Hoffnung auf Straflosigkeit genommen wird, deren Schädlichkeit mit der Schwere des Verbrechens zunimmt. Da jedoch bei den leichteren Verbrechen die Wahrscheinlichkeit der Unschuld des Angeklagten geringer wird, muß die Dauer der Untersuchung zunehmen, und weil die Straflosigkeit minder schädlich ist, muß die Verjährungsfrist kürzer werden. Eine solche Einteilung der Verbrechen in zwei Klassen sollte nicht zugelassen werden, wenn der Schaden der Straflosigkeit ebenso abnimmt, wie die Wahrscheinlichkeit des Verbrechens zunimmt. Man erwäge, daß über einen Angeklagten, dessen Unschuld wie dessen Schuld unerwiesen sind, wegen desselben Verbrechens, wiewohl er mangels Beweises wieder frei geworden ist, neue Haft und neue Untersuchung verhängt werden kann, wenn neue vom Gesetz bezeichnete Indizien auftauchen, ehe die für sein Verbrechen festgesetzte Verjährung eingetreten ist. Dies wenigstens ist der rechte Weg, um, wie mir scheint, sowohl die Sicherheit als auch die Freiheit der Untertanen zu wahren; denn allzu leicht wird die eine auf Kosten der anderen begünstigt, so daß diese beiden Güter, die das unabdingbare und gleiche Erbteil eines jeden Bürgers darstellen, nicht geschützt und behütet werden, und zwar das eine vor dem offenen oder versteckten Despotismus, das andere vor der zügellosen Anarchie des Volkes.

XXXI · *Schwer erweisliche Verbrechen* · Im Hinblick auf diese Grundsätze wird es jemandem, der nicht daran denkt, daß die Vernunft fast nie die Gesetzgeberin der Nationen gewesen ist, befremdlich erscheinen, daß die schwersten oder verborgensten oder ungeheuerlichsten Verbrechen, das heißt solche, deren Unwahrscheinlichkeit am größten ist, durch Mutmaßungen und durch die schwächsten und zweideutigsten Beweise erwiesen werden; als ob das Gesetz und der Richter ein Interesse hätten, nicht die Wahrheit zu suchen, sondern das Verbrechen zu beweisen; als ob die Gefahr, einen Unschuldigen zu verurteilen, nicht um so größer wäre, je mehr die Wahrscheinlichkeit der Unschuld die Wahrscheinlichkeit der Missetat überwiegt. Dem größten Teil der Menschen fehlt die in gleicher Weise für die großen Verbrechen wie für die großen Tugenden notwendige Kraft, weswegen es scheint, daß beide stets gleichzeitig bei jenen Nationen auftreten, die mehr durch die Tätigkeit der Regierung und die das öffentliche Wohl erstrebenden Leidenschaften als durch ihre Größe oder die beständige Vortrefflichkeit der Gesetze sich erhalten. Bei diesen scheinen die geschwächten Leidenschaften mehr dazu angetan, die Regierungsform aufrechtzuerhalten als sie zu verbessern. Hieraus läßt sich der wichtige Schluß ziehen, daß die großen Verbrechen nicht immer den Niedergang einer Nation beweisen.

Es gibt einige Verbrechen, die häufig in der Gesellschaft vorkommen, doch schwer nachzuweisen sind und bei welchen die Schwierigkeit des Beweises für die Wahrscheinlichkeit der Unschuld steht; und da der Schaden der Straflosigkeit um so geringer zu werten ist, als die Häufigkeit dieser Verbrechen von anderen Gründen herrührt denn der Gefahr der Straflosigkeit, müssen die Zeit der Untersuchung und die Frist der Verjährung ebenfalls verkürzt werden. Und dennoch sind der Ehebruch und die griechische Liebe, die schwer erweisliche Verbrechen sind, zugleich jene, die den überkommenen Grundsätzen zufolge tyrannische Vermutungen, *Als-Ob-Beweise*, *Halb-Beweise* (als ob ein Mensch *halb unschuldig* oder *halb schuldig*, das heißt *halb strafbar* und *halb freisprechbar* sein könnte) zulassen und bei denen die Folter ihre grausame Herrschaft über die Person des Angeklagten, über die Zeugen und schließlich über die ganze Familie eines Unglücklichen ausübt, wie mit unbilliger Kälte einige Doktoren lehren, die für die Richter einer Norm und dem Gesetze gleich Geltung haben.

Der Ehebruch ist ein Verbrechen, das, politisch gesehen, seine Kraft und Richtung aus zwei Ursachen herleitet: aus den veränderlichen Gesetzen der Menschen und der überaus starken Anziehung, die das eine Geschlecht zum anderen treibt; ähnlich in vielen Fällen der bewegenden Schwerkraft des Alls, da wie bei dieser die Anziehung mit der Entfernung abnimmt, und wenn die eine alle Bewegungen der Körper, so beherrscht die andere gleichsam alle die des Gemüts, solange ihr Umlauf dauert; unähnlich darin, daß die Schwerkraft sich mit den Hindernissen ins Gleichgewicht bringt, die Anziehung der Liebe meist jedoch Kraft und Stärke aus der Zunahme der Hindernisse selber bezieht.

Hätte ich zu noch des Lichtes der Religion entbehrenden Nationen zu sprechen, so würde ich sagen, daß es noch einen anderen beträchtlichen Unterschied zwischen diesem und den anderen Verbrechen gibt. Es entsteht aus dem Mißbrauch eines beständigen und der ganzen Menschheit gemeinsamen Bedürfnisses, eines Bedürfnisses, das älter als die Gesellschaft, ja ihr Begründer ist, während die anderen Verbrechen, die sie zu zerstören geeignet sind, einen mehr von augenblicklichen Leidenschaften als von einem Naturbedürfnis bestimmten Ursprung haben. Wer die Geschichte und den Menschen kennt, für den scheint ein solches Bedürfnis unter demselben Klima stets einer feststehenden Größe gleichzukommen. Ist dies wahr, so wären jene Gesetze und Sitten, die die gesamte Summe zu vermindern trachten, unnütz, ja verderblich, weil ihre Wirkung in der Belastung eines Teils der eigenen und der Bedürfnisse anderer bestünde; weise wären hingegen jene, die sozusagen der leichten Neigung der Ebene folgend die Summe in so viele gleiche und kleine Teile zerlegen und auseinandernehmen würden, daß sie gleichmäßig allenthalben sowohl die Dürre als auch den Überfluß verhinderten. Die eheliche Treue entspricht immer der Zahl und der Freiheit der Eheschließungen. Wo die ererbten Vorurteile sie beherrschen, wo die häusliche Gewalt die Ehen schließt und löst, dort bricht die freie Liebe insgeheim ihre Bande trotz der volkstümlichen Moral, der es zufällt, gegen die Wirkungen zu eifern und gegen die Ursachen nachsichtig zu sein. Aber solcher Überlegungen bedarf nicht, wer in der wahren Religion lebt und erhabenere Beweggründe hat, welche die Macht der natürlichen Wirkungen eindämmen. Die Begehung eines solchen Verbrechens erfolgt so rasch und geheimnisvoll, ist so bedeckt von eben dem Schleier, den die Gesetze darüber gebreitet haben, einem notwendigen doch dürftigen Schleier, der den Wert der Sache erhöht, statt ihn zu vermindern; die Gelegenheiten bieten sich so leicht, die Folgen sind so vieldeutig, daß der Gesetzgeber diesem Verbrechen leichter vorbeugen als es verhindern kann. Allgemeine Regel: bei jedem Verbrechen, das seiner Natur nach in der Mehrzahl der Fälle straflos bleiben muß, wird die Strafe zu einem Anreiz. Es ist eine Eigentümlichkeit unserer Einbildungskraft, daß die Schwierigkeiten, sind sie nicht unüberwindlich oder im Verhältnis zur Trägheit des Menschenherzens allzu groß, die Einbildungskraft noch lebhafter erregen und ihren Gegenstand vergrößern, weil sie gleichsam ebenso viele Schutzwälle darstellen, welche die schweifende und flüchtige Einbildungskraft daran hindern, von ihrem Gegenstand abzulassen, und indem sie sie zwingen, alle Beziehungen desselben zu durchlaufen, lassen sie sie fester an dem haften, was gefällig daran ist und wozu sich unser Gemüt nur allzu natürlicherweise hingezogen fühlt, und nicht an dem, was schmerzlich und düster daran ist und was unser Gemüt flieht und meidet.

Die attische Liebe, so streng von den Gesetzen bestraft und so leichtfertig den Qualen der die Unschuld besiegenden Folter unterworfen, hat weniger ihren Grund in den Bedürfnissen des vereinzelt lebenden freien Menschen als in den Leidenschaften des in der Gesellschaft lebenden unfreien Menschen. Sie bezieht ihre Stärke nicht so sehr aus der Übersättigung durch die Lust als aus einer Erziehung, die damit beginnt, die Menschen für sich selbst nutzlos werden zu lassen, um sie anderen nützlich zu machen, in jenen Häusern, wo die glühende Jugend dicht zusammengedrängt wird und wo, da jedem anderen Verkehr ein unüberwindbarer Damm entgegensteht, die ganze Kraft der sich entwickelnden Natur ohne Nutzen für die Menschheit und vorzeitig sich verzehrt.

Der Kindesmord ist in gleicher Weise die Wirkung eines unvermeidbaren Widerspruchs, in den eine Person sich versetzt sieht, die ihrer Schwäche oder der Gewalt nachgegeben hat. Wie sollte die, welche zwischen der Schande und dem Tode eines Wesens, das dessen Übel zu empfinden unfähig ist, zu wählen hat, nicht diesen dem unabwendbaren Elend vorziehen, dem sie und die glücklose Frucht ausgesetzt sein würden? Die beste Weise der Verhütung bestünde bei diesem Verbrechen in einem wirksamen gesetzlichen Schutz der Schwäche vor der Tyrannei, welche die Laster übertreibt, die sich nicht mit dem Mantel der Tugend bedecken lassen.

Ich beabsichtige nicht, den gerechten Abscheu zu verringern, den diese Verbrechen verdienen; aber indem ich auf ihre Quellen hinweise, glaube ich das Recht zu haben, einen verallgemeinernden Schluß daraus zu ziehen, nämlich daß die Strafe eines Verbrechens nicht im genauen Sinn gerecht (will sagen notwendig) heißen kann, ehe nicht das Gesetz das unter den gegebenen Verhältnissen einer Nation bestmögliche Mittel angewandt hat, um dem Verbrechen vorzubeugen.

XXXII · *Selbstmord* · Der Selbstmord ist ein Verbrechen, das keine im eigentlichen Sinne so genannte Strafe zulassen zu können scheint, da diese nur entweder Unschuldige oder einen kalten und unempfindlichen Körper treffen könnte. Wenn die Strafe nun ebensowenig einen Eindruck auf die Lebenden macht, wie die Züchtigung einer Statue diese beeindruckt, so ist sie ungerecht und tyrannisch; denn die politische Freiheit der Menschen setzt notwendig voraus, daß die Strafen rein persönlich sind. Die Menschen lieben nur zu sehr das Leben, und alles, was sie umgibt, bestärkt sie in dieser Liebe. Das verführerische Bild von Lust und Hoffnung, süßeste Täuschung der Sterblichen, deretwegen sie das mit wenigen Tropfen der Befriedigung vermischte Übel in vollen Zügen schlürfen, lockt sie zu sehr an, als daß man fürchten müßte, die notwendige Straflosigkeit eines solchen Verbrechens hätte einen Einfluß auf die Menschen. Wer den Schmerz fürchtet, gehorcht dem Gesetz; aber der Tod läßt alle seine Quellen im Leibe versiegen. Welcher Beweggrund sollte daher die verzweifelte Hand des Selbstmörders aufhalten?

Wer sich selbst tötet, fügt der Gesellschaft ein geringeres Übel zu als der, welcher für immer ihr Gebiet verläßt; jener nämlich läßt sein ganzes Vermögen zurück, dieser jedoch nimmt einen Teil seiner Habe mit sich fort. Wenn überdies die Stärke der Gesellschaft auf der Zahl der Bürger beruht, so fügt der, welcher sich ihr entzieht und einer benachbarten Nation sich einfügt, ihr doppelt soviel Schaden zu wie derjenige, der bloß durch den Tod die Gesellschaft verläßt. Die Frage läßt sich somit darauf zurückführen, ob es für die Nation von Nutzen oder Schaden sei, daß sie einem jeden ihrer Mitglieder für immer die Freiheit, wegzugehen, läßt.

Es darf kein Gesetz verkündet werden, das nicht zu seiner Verteidigung gerüstet ist oder das durch die Natur der Umstände hinfällig wird; und da die Gemüter von der Meinung beherrscht werden, die dem allmählichen und mittelbaren Einfluß des Gesetzgebers gehorcht, jedem unmittelbaren und gewaltsamen jedoch sich widersetzt, so verfallen die unnützen Gesetze der Verachtung der Menschen und teilen von ihrer Erniedrigung noch den wohltätigsten Gesetzen mit, die dann mehr als ein zu überwindendes Hindernis denn als das Erbteil des öffentlichen Wohls angesehen werden. Wenn zudem, wie gesagt, unsere Gefühle ihre Grenzen haben, so wird, je größere Verehrung die Menschen für außerhalb der Gesetze liegende Gegenstände haben, für die Gesetze selber deren desto weniger bleiben. Aus diesem Grundsatz kann der weise Verwalter des öffentlichen Glücks einige nützliche Folgerungen ziehen, deren Erörterung mich allzuweit von meinem Gegenstand entfernen würde, der in dem Nachweis der Nutzlosigkeit besteht, aus dem Staat ein Gefängnis zu machen. Ein solches Gesetz ist unnütz; denn, falls nicht unzugängliche Felsen oder unbefahrbare Meere ein Land von allen anderen trennen, wie könnte man alle Punkte seiner Grenzen schließen, wie die Wächter bewachen? Wer alles mit sich nimmt, kann eben darum, weil er dies getan, nicht dafür bestraft werden. Ein solches Verbrechen kann, gleich nachdem es begangen wurde, nicht mehr geahndet werden, und es im voraus bestrafen, hieße den Willen der Menschen und nicht ihre Handlungen, hieße die Absicht, den von der Herrschaft der menschlichen Gesetze freiesten Teil des Menschen bestrafen. Den Abwesenden an seinen zurückgelassenen Gütern bestrafen, würde, abgesehen von den leichten und unvermeidbaren Unterschleifen, die, ohne die Verträge zu vergewaltigen, nicht verhindert werden können, jeden Verkehr von Nation zu Nation ins Stocken bringen. Den Schuldigen bestrafen, wenn er zurückkehrt, hieße es verhindern, daß das der Gesellschaft zugefügte Übel wieder gutgemacht wird, indem man jede Abwesenheit zu einer dauernden macht. Das Verbot der Auswanderung steigert den Wunsch der Bewohner eines Landes, es zu verlassen, und ist für die Fremden eine Warnung, sich nicht dorthin zu begeben.

Was sollen wir von einer Regierung halten, die kein anderes Mittel hat, um die Menschen, welche natürlicherweise der frühen Eindrücke der Kindheit wegen an ihrem Vaterlande hängen, zu halten, außer der Furcht? Die sicherste Weise, die Bürger ans Vaterland zu binden, besteht in der verhältnismäßigen Vermehrung des Wohlstandes jedes einzelnen. Wie man alles daran setzen muß, um die Handelsbilanz für uns günstig zu gestalten, so ist es das höchste Insteresse des Herrschers und der Nation, daß die Summe des Glücks, verglichen mit der der umliegenden Nationen, größer sei als anderswo. Die Genüsse, die der Luxus bietet, sind nicht das wichtigste Element dieses Glücks, wie sehr dieser auch ein notwendiges Heilmittel gegen die mit den Fortschritten einer Nation zunehmende Ungleichheit sein mag und ohne ihn die

Reichtümer sich in einer Hand ansammeln würden. Wo die Grenzen eines Landes in größerem Maße sich erweitern als seine Bevölkerung wächst, begünstigt der Luxus den Despotismus; denn je kleiner die Zahl der Menschen ist, desto geringer ist der Gewerbefleiß, und je geringer dieser, desto größer die Abhängigkeit der Armut von der Prachtentfaltung des Reichtums, und desto schwieriger und weniger gefürchtet ist die Vereinigung der Unterdrückten gegen die Unterdrücker, weil die Ehrenbezeigungen, die Dienstleistungen, die Auszeichnungen und die Unterwürfigkeit, die den Abstand zwischen dem Starken und dem Schwachen fühlbarer machen, leichter bei wenigen als bei vielen durchgesetzt werden können, sind doch die Menschen um so unabhängiger, je weniger sie überwacht werden, und um so weniger überwacht, je größer ihre Zahl ist. Wo hingegen die Bevölkerung im stärkeren Verhältnis wächst als der Umfang eines Landes, widersetzt sich der Luxus dem Despotismus, weil er den Gewerbefleiß und die Tätigkeit der Menschen anregt; und das Bedürfnis des Armen erschließt dem Reichen zu viele Genüsse und Bequemlichkeiten, als daß die der Repräsentation, welche das Gefühl der Abhängigkeit erhöht, noch den größten Platz einnehmen würden. Deshalb läßt sich in den großräumigen, schwachen und kaum bevölkerten Staaten, falls nicht andere Ursachen dies verhindern, beobachten, daß der Luxus der Repräsentation den der Bequemlichkeit übertrifft; doch in den mehr bevölkerten als großflächigen Staaten verdrängt der Luxus der Bequemlichkeit immer mehr den der Repräsentation. Freilich hat der Austausch und der Wechsel in den Genüssen des Luxus den Nachteil, daß, mag er auch mit Hilfe vieler Menschen erfolgen, er doch bei wenigen beginnt und bei wenigen endet; und es ist nur ein sehr geringer Teil davon, mit dem die große Zahl vorliebnehmen muß, so daß er das Gefühl des Elends, das mehr noch durch die Vergleichung als durch die Wirklichkeit verursacht wird, nicht beseitigen kann. Aber die Sicherheit und die vom Gesetz eingeschränkte Freiheit bilden die Hauptgrundlage dieses Glücks; und in der Verbindung mit ihnen sind die Genüsse des Luxus für die Bevölkerung günstig, während sie ohne jene das Werkzeug der Tyrannei werden. Wie die edelsten wilden Tiere und die freiesten Vögel sich in die Einöde und die unzugänglichen Wälder zurückziehen und die fruchtbaren und lieblichen Landschaften dem ihnen nachstellenden Menschen überlassen, so fliehen die Menschen sogar den Genuß, wenn die Tyrannei ihn austeilt.

Es ist somit bewiesen, daß ein Gesetz, welches die Untertanen in ihrem Lande gefangen hält, unnütz und ungerecht ist. Ebenfalls ist es folglich die Strafe für den Selbstmord; und deswegen ist dieser, mag er auch eine Schuld sein, die von Gott bestraft wird, da er allein auch nach dem Tode strafen kann, kein Verbrechen vor den Menschen; denn statt des Schuldigen trifft die Strafe seine Familie. Würde jemand mir entgegenhalten, daß eine solche Strafe dennoch einen Menschen, der entschlossen ist, sich zu töten, hiervon zurückhalten könnte, so antworte ich: wer ruhigen Herzens auf das Gut des Lebens verzichtet, wer das Dasein hienieden so haßt, daß er ihm eine unglückselige Ewigkeit vorzieht, der dürfte kaum durch den minder wirksamen und ferner liegenden Gedanken an seine Kinder oder Verwandten angefochten werden.

XXXIII · *Schmuggel und illegaler Handel* · Der Schmuggel ist ein wirkliches, den Souverän und die Nation verletzendes Verbrechen; doch sollte die Strafe dafür nicht entehrend sein, weil der Schmuggel keine Ehrlosigkeit in der öffentlichen Meinung nach sich zieht. Wer ehrlos machende Strafen für Verbrechen verhängt, die von den Menschen nicht ebenso bewertet werden, setzt das Empfinden für die Ehrlosigkeit derjenigen herab, die es wirklich sind. Wer dieselbe Todesstrafe beispielsweise für jemanden festgesetzt sieht, der einen Fasan tötet, wie für jemanden, der einen Menschen umbringt oder ein wichtiges Schriftstück fälscht, wird zwischen diesen Verbrechen keinen Unterschied machen. So werden die moralischen Empfindungen zerstört, das Werk vieler Jahrhunderte und vielen vergossenen Blutes, die nur ganz allmählich und auf die schwierigste Weise in der menschlichen Seele hervorgebracht und für deren Erzeugung die Hilfe der erhabensten Motive und ein großer Aufwand an gewichtiger Förmlichkeit für nötig erachtet wurden.

Dieses Verbrechen entsteht aus dem Gesetze selber, weil mit der Erhöhung des Zolls stets auch seine Einträglichkeit und folglich die Versuchung zum Schmuggel wächst; und die Leichtigkeit, mit der dieses Verbrechen begangen werden kann, nimmt mit den zu bewachenden Staatsgrenzen und mit der Abnahme der Warenmenge zu. Die Strafe des Verlustes der Bannware und der Gegenstände, die sie begleiten, ist durchaus gerecht; aber sie wird um so wirksamer, je geringer der Zoll ist, weil die Menschen nur im Verhältnis zu dem Vorteil, den der glückliche Ausgang eines Unternehmens erbringen kann, ein Wagnis eingehen.

Warum indessen zieht dieses Verbrechen für seinen Urheber niemals Ehrlosigkeit nach sich, obwohl es doch ein an dem Fürsten und folglich der Nation begangener Diebstahl ist? Ich antworte, daß die Verstöße, von denen die Menschen annehmen, sie träfen nicht sie selbst, sie nicht so sehr interessieren, daß dadurch die öffentliche Entrüstung gegen den Täter erregt werden könnte. So verhält es sich mit dem Schmuggel. Die Menschen, auf die entfernte Folgen nur einen ganz geringen Eindruck machen, sehen den Schaden nicht, der ihnen aus dem Schmuggel erwachsen kann, ja sie erfreuen sich oft des augenblicklichen Vorteils, den sie davon haben. Sie sehen nur den dem Fürsten zugefügten Schaden; folglich sind sie nicht interessiert, dem Schmuggler ihre Achtung zu entziehen, während sie dies sehr wohl einem Menschen gegenüber sind, der einen einzelnen bestiehlt, eine Handschrift nachahmt, und anderen Übeln gegenüber, die sie selber treffen können. Es ist ein einleuchtender Grundsatz, daß jedes empfindende Wesen sich nur um solche Übel kümmert, die es kennt.

Aber soll man ein solches Verbrechen bei jemandem, der nichts zu verlieren hat, unbestraft lassen? Nein: es gibt Fälle von Schmuggel, die so sehr die Natur der Steuer, eines so wesentlichen und so schwierigen Bestandteils guter Gesetzgebung betreffen, daß dieses Verbrechen eine erhebliche Strafe verdient, sogar das Gefängnis, sogar die Zwangsarbeit; doch müßten Gefängnis wie Zwangsarbeit der Natur des Verbrechens entsprechen. Beispielsweise darf die Gefangenschaft des Tabakschmugglers nicht dieselbe sein wie die des Mörders oder des Räubers, und die Arbeiten des ersteren werden der Natur der Strafe dann am ehesten entsprechen, wenn sie sich auf schwere Aufgaben im Dienste jenes Hoheitsrechts, das er hat hintergehen wollen, beschränken.

XXXIV · *Von den Schuldnern* · Der gute Glaube bei den Verträgen, die Sicherheit des Handels zwingen den Gesetzgeber, die Gläubiger durch die Person ihrer zahlungsunfähigen Schuldner sicherzustellen; doch halte ich es für wichtig, zwischen betrügerischem und unverschuldetem Bankrott zu unterscheiden. Der erste sollte mit derselben Strafe belegt werden, die den Falschmünzern zugedacht ist, weil die Fälschung eines Stücks geprägten Metalls, das ein Pfand der Verbindlichkeiten der Bürger ist, kein größeres Verbrechen darstellt als die Fälschung der Verbindlichkeiten selber. Aber der ohne Verschulden Zahlungsunfähige, derjenige, welcher nach einer strengen Untersuchung seinen Richtern den Nachweis erbracht hat, daß entweder die Schlechtigkeit oder das Unglück anderer oder durch menschliche Klugheit nicht vermeidbare Wechselfälle ihn seines Vermögens beraubt haben, aus welchem barbarischen Grunde sollte dieser ins Gefängnis geworfen, des einzigen und traurigen Gutes beraubt werden, das mit der nackten Freiheit ihm geblieben, um die Angst der Schuldigen auszustehen und mit der Verzweiflung der bedrückten Redlichkeit womöglich jene Unschuld zu bereuen, mit der er ruhig unter dem Schutze der Gesetze lebte, die nicht zu verletzen nicht in seiner Macht stand, Gesetze, von den Mächtigen aus Habsucht erlassen und von den Schwachen um jener Hoffnung willen ertragen, die immer fast im menschlichen Gemüte glimmt und uns glauben macht, die ungünstigen Ereignisse gölten den anderen und die günstigen uns? Die ihren alltäglichsten Empfindungen überlassenen Menschen lieben die grausamen Gesetze, mögen sie auch ihnen unterworfen sein und es somit in jedermanns Interesse liegen, daß sie gemildert würden; denn größer ist die Furcht, verletzt zu werden, als der Wunsch, Verletzungen zuzufügen. Ich komme auf den ohne Schuld Zahlungsunfähigen zurück und behaupte, daß, wenn seine Verpflichtung bis zur gänzlichen Zahlung ungetilgt bleiben muß, wenn ihm nicht erlaubt sein darf, sich ihr ohne die Zustimmung der Beteiligten zu entziehen und seinen Gewerbefleiß den Gesetzen anderer Staaten zu unterstellen, welcher Gewerbefleiß vielmehr unter Strafe dazu verwandt werden müßte, ihn wieder in den Stand zu setzen, im Verhältnis zu seinen Fortschritten Genugtuung zu leisten – welcher gesetzliche Vorwand, etwa die Sicherheit des Handels, die Heiligkeit des Eigentums, soll dann eine Freiheitsberaubung rechtfertigen, die außer im Falle, daß durch die Entbehrungen der Zwangsarbeit das Geheimnis einer nur vermeintlich ohne Verschulden zahlungsunfähig gewordenen Person aufgedeckt würde, nutzlos ist, ein wahrlich seltener Fall unter der Voraussetzung einer strengen Untersuchung! Ich halte es für eine Maxime der Gesetzgebung, daß der Wert politischer Beschränkungen im geraden Verhältnis zur Verletzung des öffentlichen Wohls und im umgekehrten Verhältnis zu der Unwahrscheinlichkeit, diese nachzuweisen, veranschlagt werden müsse. Man könnte die Arglist von der schweren Schuld, die schwere Schuld von der leichten und diese von der völligen Schuldlosigkeit unterscheiden, und indem man auf die erste die Strafen für die Verbrechen der Fälschung, auf die zweite geringere doch mit Freiheitsentzug verbundene setzen, der letzteren die freie Wahl der Mittel zu ihrer Rehabilitierung überlassen würde, könnte man der dritten die Freiheit, dies zu tun, nehmen und sie auf die Gläubiger übertragen. Aber die Unterscheidung zwischen schwerer und leichter Schuld muß durch das blinde und unparteiische Gesetz und nicht durch die gefährliche und willkürliche Klugheit der Richter getroffen werden. Abgrenzungen vorzunehmen ist in der Politik so notwendig wie in der Mathematik, ist es ebenso in der Bemessung des öffentlichen Wohls wie in der von reinen Größen.*

Wie leicht könnte der umsichtige Gesetzgeber einen großen Teil der schuldhaften Bankrotte verhindern und dem Unglück des schuldlosen Fleißigen abhelfen! Die öffentliche und zugängliche Aufzeichnung aller Verträge und die Freiheit für alle Bürger, die wohlgeordneten Unterlagen für diese Verträge einzusehen, eine öffentliche Bank, die mit den klug verteilten Abgaben aus erfolgreichen Handelsgeschäften errichtet würde und deren Aufgabe es wäre, mit angemessenen Summen einem ohne Verschulden ins Unglück geratenen Mitglied der Kauf-

---

* Anmerkung Beccarias: Handel und Eigentum an Gütern gehören nicht zu den Zwecken des Gesellschaftsvertrags, können jedoch ein Mittel sein, ihn herbeizuführen. Die Mitglieder der Gesellschaft den Übeln auszusetzen, für deren Entstehung es so viele Zusammenhänge gibt, hieße die Zwecke den Mitteln unterzuordnen, ein Fehlschluß aller Wissenschaften, vor allem jedoch der Politik, in den ich selbst in den früheren Auflagen verfallen bin, wo ich sagte, der unschuldig in Zahlungsunfähigkeit Geratene müsse als Pfand für seine Schulden in Haft gehalten oder zur Zwangsarbeit für die Gläubiger veranlaßt werden. Ich schäme mich, dies geschrieben zu haben. Ich bin der Irreligiosität angeklagt worden, und ich habe es nicht verdient. Ich bin des Aufruhrs angeklagt worden, und ich habe es nicht verdient. Ich habe die Rechte der Menschheit verletzt, und niemand hat mir einen Vorwurf daraus gemacht.

mannschaft zu Hilfe zu kommen, böten keinen wirklichen Nachteil, könnten indessen unermeßliche Vorteile bringen. Aber die leichten, die einfachen, die großen Gesetze, die nur auf den Wink des Gesetzgebers warten, um überall in der Nation Fülle und Stärke zu verbreiten, Gesetze, deren Urheber man von Geschlecht zu Geschlecht mit unsterblichen Hymnen der Dankbarkeit ehren würde, sind entweder diejenigen, die man am wenigsten kennt oder am wenigsten mag. Ein besorgter und kleinlicher Geist, die zaghafte Klugheit des gegenwärtigen Augenblicks, eine vorsichtige Strenge dem Neuen gegenüber bemächtigen sich der Empfindungen dessen, der die Unmenge der Handlungen der geringen Sterblichen miteinander in Übereinstimmung bringt.

XXXV · *Asyle* · Mir bleiben noch zwei Fragen zu prüfen übrig: die eine, ob Asyle gerecht sind und ob ein Vertrag über die wechselseitige Auslieferung von Verbrechern zwischen den Nationen nützlich ist oder nicht. Innerhalb der Grenzen eines Landes darf es keinen Ort geben, der dem Gesetz entzogen wäre. Seine Macht muß jedem Bürger folgen wie der Schatten dem Körper. Die Straflosigkeit und das Asyl unterscheiden sich nur wenig voneinander, und da der Eindruck der Strafe mehr auf der Sicherheit, mit der sie uns trifft, als auf ihrer Härte beruht, so verleiten die Asyle mehr zum Verbrechen, als die Strafen davon abhalten. Die Freistätten vermehren, heißt ebenso viele kleine Landeshoheiten errichten; denn wo keine Gesetze befehlen, können sich neue und den sonst gültigen entgegengesetzte bilden und damit ein dem gesellschaftlichen Ganzen widerstreitender Geist. Alle Geschichte zeigt, daß aus den Asylen große Revolutionen in den Staatsverhältnissen und den Meinungen der Menschen hervorgingen. Ob es jedoch nützlich ist, daß die Nationen einander die Verbrecher ausliefern, auf die Entscheidung dieser Frage würde ich nicht dringen, ehe nicht den Bedürfnissen der Menschheit angemessenere Gesetze, mildere Strafen und das Ende der Abhängigkeit von Willkür und Meinung der unterdrückten Unschuld und der angefeindeten Tugend Sicherheit verliehen haben; ehe nicht die universelle Vernunft, die immer enger die Interessen des Thrones und der Untertanen zusammenschließt, die Tyrannei vollständig in die weiten Ebenen Asiens verbannt hat. Gleichwohl wäre die Überzeugung, keine Handbreit Erde zu finden, welche offenkundigen Verbrechen Verzeihung gewährt, ein höchst wirksames Mittel, ihnen vorzubeugen.

XXXVI · *Von dem Kopfgeld* · Die andere Frage ist, ob es nützlich wäre, auf den Kopf eines als Verbrecher bekannten Menschen einen Preis zu setzen, so den Arm eines jeden Bürgers zu bewaffnen und aus ihm einen Henker zu machen. Entweder befindet sich der Schuldige außerhalb oder innerhalb der Landesgrenzen: im ersten Falle stiftet der Souverän die Bürger dazu an, ein Verbrechen zu begehen, und setzt sie einer Strafe aus; zugleich beleidigt er damit einen anderen Souverän, maßt sich auf dessen Gebiet eine Autorität an und ermächtigt so die anderen Nationen, mit ihm ebenso zu verfahren. Im zweiten Falle verrät er die eigene Schwäche. Wer die Kraft hat, sich zu verteidigen, sucht sie nicht erst zu erkaufen. Außerdem erschüttert ein solcher Erlaß alle Vorstellungen von Moral und Tugend, die ohnehin vor dem leichtesten Windeshauch im menschlichen Herzen dahinschwinden. Bald fordern die Gesetze zum Verrate auf und bald bestrafen sie ihn. Mit der einen Hand knüpft der Gesetzgeber die Bande der Familie, der Verwandtschaft, der Freundschaft enger, und mit der anderen belohnt er denjenigen, der sie bricht und zerreißt; stets mit sich selbst im Widerspruch, lädt er bald die mißtrauischen Herzen der Menschen zum Vertrauen ein, bald sät er Mißtrauen in allen Herzen; statt einem Verbrechen vorzubeugen, veranlaßt er deren hundert. Es sind dies die Auskunftsmittel der schwachen Nationen, deren Gesetze lediglich augenblickliche Ausbesserungen an einem baufälligen Haus, das überall vom Einsturz bedroht ist, darstellen. Je mehr die Aufklärung innerhalb einer Nation zunimmt, desto notwendiger werden der gute Glaube und das wechselseitige Vertrauen, und diese trachten mehr und mehr mit der wahren Politik sich zu verschmelzen. Kunstgriffe und Ränke, Winkelzüge und krumme Wege werden meist vorher durchschaut, und die Empfindsamkeit aller dämpft die Empfindlichkeit, die ein jeder für sich selbst hat. Aus den Jahrhunderten der Unwissenheit selber, in denen die öffentliche Moral die Menschen unter den Gehorsam der privaten beugte, schöpft das aufgeklärte Zeitalter Belehrung und Erfahrung. Aber die Gesetze, die den Verrat belohnen und einen geheimen Krieg dadurch anfachen, daß sie wechselseitiges Mißtrauen unter den Bürgern verbreiten, widersetzen sich dieser so notwendigen Vereinigung von Moral und Politik, welcher die Menschen ihr Glück, die Nationen den Frieden und der Erdkreis eine längere Zeit der Ruhe und der Erholung von den Übeln, die über ihn hinweggegangen, verdanken sollten.

XXXVII · *Versuch, Mittäter, Straflosigkeit* · Das Gesetz bestraft die Absicht nicht; daraus folgt freilich nicht, daß ein Verbrechen, welches mit einer Handlung beginnt, die den Willen, es auszuführen, bekundet, keine Strafe verdiente, allerdings eine geringere als die des vollendeten Verbrechens. Da es darauf ankommt, auch den Versuch zu verhüten, ist eine Strafe berechtigt; aber da zwischen Versuch und Ausführung eine gewisse Zeit verstreichen kann, so vermag die auf das vollendete Verbrechen gesetzte schwerere Strafe zur Reue Gelegenheit zu geben. Dasselbe ließe sich sagen, wenn an einem Verbrechen mehrere beteiligt sind, die nicht sämtlich, freilich aus verschiedenem Grunde, das Verbrechen unmittelbar ausführen. Vereinigen sich mehrere Menschen zu einem gefährlichen Unternehmen, so werden sie, je größer das Wagnis ist, desto mehr danach trachten, daß es für alle gleich sei; es wird daher schwerer einer zu finden sein, der bereit ist, die Tat auszuführen, da er größere Gefahr als die anderen Mittäter läuft. Eine Ausnahme gäbe es nur in dem Falle, daß dem Täter ein Preis ausgesetzt würde; da er dann einen Ausgleich für das größere Wagnis hat, müßte die Strafe gleich sein. Solche Überlegungen werden demjenigen vielleicht allzu wirklichkeitsfremd erscheinen, der nicht daran denkt, daß es von größtem Nutzen ist, wenn das Gesetz möglichst wenige Beweggründe zum Einverständnis zwischen den Genossen eines Verbrechens bietet.

Einige Gerichte versprechen dem Mittäter bei einem schweren Verbrechen, der seine Genossen angibt, Straflosigkeit. Ein solches Auskunftsmittel hat seine Nachteile wie Vorteile. Die Nachteile bestehen darin, daß die Nation den Verrat gutheißt, der verabscheuenswert noch unter den Verbrechern ist; denn die Verbrechen, die Mut erfordern, sind für eine Nation weniger verhängnisvoll als die aus Niedertracht begangenen, weil der Mut nicht häufig vorkommt und ihm nur eine wohltätige und lenkende Kraft fehlt, die ihn mit dem öffentlichen Wohl in Übereinstimmung brächte, weil zudem die Niedertracht verbreiteter und ansteckender ist und immer mehr in sich selbst sich verstrickt. Darüber hinaus verrät das Gericht die eigene Unsicherheit und die Schwäche des Gesetzes, das die Hilfe dessen sucht, der es verletzt. Die Vorteile bestehen darin, bedeutende Verbrechen zu verhindern, die, wenn die Wirkungen offenkundig und die Urheber verborgen sind, das Volk in Furcht versetzen; außerdem wird so zu dem Nachweis beigetragen, daß, wer dem Gesetz, das heißt der Öffentlichkeit gegenüber keine Treue kennt, wahrscheinlich auch im privaten Leben treulos ist. Mir will scheinen, daß ein allgemeines Gesetz, das jedem Mittäter, der ein Verbrechen aufdeckt, Straflosigkeit verspräche, einer besonderen Erklärung in einem einzelnen Falle vorzuziehen sei, weil so durch die gegenseitige Furcht, die ein jeder Mittäter hätte, nur sich selbst der Gefahr auszusetzen, den Zusammenschlüssen vorgebeugt würde; das Gericht würde nicht die Verbrecher übermütig machen, die sich in einem besonderen Falle um ihre Mithilfe gebeten sähen. Ein solches Gesetz sollte jedoch die Straflosigkeit mit der Verbannung des Angebers verbinden.

Aber vergebens bemühe ich mich, das schlechte Gewissen zu überwinden, das ich verspüre, weil ich die so heiligen Gesetze, das Denkmal des öffentlichen Vertrauens, die Grundlage der menschlichen Moral, zu Verrat und Täuschung ermächtige. Welches Beispiel würde es darüber hinaus für die Nation sein, wenn man sich dann an die versprochene Straflosigkeit nicht hielte und mittels gelehrter Spitzfindigkeiten wider die öffentliche Treue denjenigen zur Strafe zöge, der der Aufforderung des Gesetzes entsprochen hat! Derartige Beispiele sind unter den Nationen nicht selten, und deshalb sind ebensowenig diejenigen selten, welche von einer Nation keine andere Vorstellung haben als die einer komplizierten Maschine, deren Mechanismus von den Geschicktesten und Mächtigsten in Bewegung gesetzt wird. Kalt und gefühllos gegen alles, was das Entzücken zarter und erhabener Seelen ausmacht, reizen sie mit unerschütterlicher Findigkeit die teuersten Empfindungen und die stärksten Leidenschaften, sobald sie sie für ihre Zwecke nützlich finden, und sie spielen mit dem Menschenherzen wie der Musiker mit seinem Instrument.

XXXVIII · *Verfängliche Fragen, Aussagen* · Unsere Gesetze verbieten die so genannten *suggestiven* Fragen im Prozesse, Fragen, den Rechtsgelehrten zufolge, nämlich, die auf die *besonderen* Umstände gerichtet sind, während vielmehr nach den *allgemeinen* Umständen eines Verbrechens zu fragen wäre: Fragen somit, die unmittelbar mit dem Verbrechen verknüpft sind und dem Angeklagten eine unmittelbare Antwort *nahelegen.* Die Fragen sollen, wie die Strafrechtslehrer sagen, den Tatbestand sozusagen spiralförmig angehen, doch niemals geradenwegs darauf zustreben. Die Gründe für dieses Vorgehen sind entweder, daß man dem Angeklagten nicht eine Antwort *nahelegen* will, die ihn offen mit der Anklage vertraut macht, oder vielleicht, daß es wider die Natur scheint, wenn der Angeklagte sich selbst unmittelbar beschuldigt. Wie auch immer es mit diesen beiden Gründen sich verhalten mag, bemerkenswert ist der Widerspruch der Gesetze, die zugleich mit dieser Gewohnheit die Folter erlauben; denn welche Frage wäre *suggestiver* als der Schmerz? Der erste Grund bewahrheitet sich bei der Folter, weil der Schmerz dem Starken ein hartnäckiges Schweigen *suggerieren* wird, da er dadurch eine größere Strafe gegen eine geringere eintauscht, und dem Schwachen das Geständnis, da er dadurch von der gegenwärtigen Qual sich befreit, die im Augenblick stärker empfunden wird als aller künftige Schmerz. Der zweite Grund ist offensichtlich derselbe; wenn nämlich eine *besondere* Frage dem Naturrecht zuwider einen Angeklagten schon zum Geständnis veranlaßt, so werden dies die Folterqualen noch viel leichter zustande bringen: aber die Menschen richten sich mehr nach der Verschiedenheit der Namen als der Sachen. Unter den anderen Mißbräuchen der Grammatik, die nicht wenig auf die menschlichen Angelegenheiten eingewirkt haben, ist jener bemerkenswert, der die Aussage eines bereits Verurteilten als nichtig bewertet; er ist *bürgerlich tot*, sagen mit gewichtiger Stimme die peripatetischen Rechtsgelehrten, und ein *Toter* ist keiner Handlung fähig. Um diese eitle Metapher aufrechtzuerhalten, sind viele Opfer dargebracht worden, und sehr oft hat man mit ernster Überlegung darüber gestritten, ob die Wahrheit den gerichtlichen Formeln zu weichen habe. Wenn nun die Aussagen eines schuldig Verurteilten nicht an den Punkt gelangen, daß sie den Lauf der Gerechtigkeit anhalten, weshalb sollte man nicht wenigstens nach der Verurteilung sowohl dem so großen Elend des Beschuldigten als auch den Interessen der Wahrheit eine entsprechende Zeit bewilligen, damit der Verurteilte neue Tatsachen, die die Natur des Tatbestandes verändern, vorbringen und sich oder andere durch einen neuen Urteilsspruch rechtfertigen kann? Förmlichkeiten und Zeremonien sind in der Verwaltung der Justiz notwendig, weil nichts der Willkür des Amtsträgers überlassen bleiben und dem Volke die Vorstellung nicht eines ungeordneten und subjektiv interessierten, sondern eines festen und geregelten Gerichts vermittelt werden soll und weil schließlich auf die in der Nachahmung befangenen und im Banne der Gewohnheit stehenden Menschen Empfindungen nachhaltiger wirken als Gedankengänge. Aber Förmlichkeiten und Zeremonien können niemals, ohne verhängnisvolle Gefahren mit sich zu bringen, gesetzlich so festgelegt werden, daß sie der Wahrheit abträglich sind, die entweder ihrer allzu großen Einfachheit oder ihrer allzu viele Bestimmungen in sich enthaltenden Zusammensetzung wegen eines gewissen äußeren Prunks bedarf, der sie mit dem unwissenden Volke versöhnt. Schließlich verdient derjenige, welcher beim Verhör hartnäckig die Antwort auf die ihm gestellten Fragen verweigert, eine vom Gesetz bestimmte Strafe, die zu den schwersten gehören muß, die das Gesetz androht, damit die Menschen nicht die Notwendigkeit des Beispiels, das sie der Öffentlichkeit schulden, auf diese Weise geringachten. Nicht notwendig ist diese Strafe, wenn außer Zweifel steht, daß ein bestimmter Angeklagter ein bestimmtes Verbrechen begangen hat und infolgedessen das Verhör auf die gleiche Weise unnütz ist wie das Geständnis des Verbrechens in dem Falle, daß andere Beweise die Strafwürdigkeit begründen. Das letztere stellt den gewöhnlichsten Fall dar, weil, wie die Erfahrung lehrt, in den meisten Prozessen die Angeklagten leugnen.

XXXIX · *Von einer eigentümlichen Art Verbrechen* · Wer diese Schrift liest, wird bemerken, daß ich eine Art von Verbrechen übergangen habe, welche Europa mit Menschenblut bedeckt und jene schrecklichen Scheiterhaufen errichtet hat, auf denen die Leiber lebendiger Menschen den Flammen zur Nahrung dienten, während es für die verblendete Menge ein gefälliges Schauspiel und ein angenehmer Wohlklang war, das dumpfe, unverständliche Wehklagen der Unglücklichen zu hören, das aus den Schwaden schwarzen Rauches, Rauches von Menschengliedern, unter dem Prasseln der verkohlenden Gebeine und dem Schmoren der noch zuckenden Eingeweide drang. Aber die vernünftigen Menschen werden einsehen, daß der Ort, das Jahrhundert und der Gegenstand es mir nicht erlauben, die Natur eines solchen Verbrechens zu untersuchen. Zu weit und zu sehr über meinen Gegenstand hinaus würde es mich führen, wollte ich beweisen, wie, entgegen dem Beispiel vieler Nationen, eine vollkommene Gleichförmigkeit des Denkens in einem Staate nötig ist; wie Ansichten, die nur durch einige überaus feine und dunkle, über das menschliche Fassungsvermögen hinausgehende Unterschiede voneinander abweichen, dennoch das öffentliche Wohl erschüttern können, wenn die eine nicht gegenüber den anderen den Vorrang hat, und wie es der Natur der Ansichten entspricht, daß, während bei einigen der Gegensatz zu anderen eine innere Bewegung auslöst und die Auseinandersetzung mit ihnen ein Wagnis ist, wobei die wahren obsiegen und die falschen der Vergessenheit anheimfallen, andere, schlecht gesichert durch ihr bloßes Vorhandensein, der Umkleidung mit Autorität und Macht bedürfen. Zu langwierig wäre der Beweis, daß – wie hassenswert auch immer die Herrschaft der Macht über die Geister der Menschen erscheinen mag, die einzig Heuchelei, folglich Erniedrigung erzwingt; wie sehr auch immer dem Geiste der von der Vernunft und der von uns als höchste verehrten Autorität befohlenen Sanftmut und Brüderlichkeit zuwider es scheinen mag – sie dennoch notwendig und unerläßlich ist. Alles dieses muß als klar bewiesen und mit den wahren Interessen der Menschen übereinstimmend geglaubt werden, solange es jemanden gibt, der diese Macht mit anerkannter Autorität ausübt.* Ich hingegen spreche nur von den Verbrechen, die aus der Natur des Menschen und aus dem Gesellschaftsvertrag hervorgehen, und nicht von den Sünden, deren Strafen, auch soweit sie zeitlich sind, nach anderen Grundsätzen als denen einer begrenzten Philosophie zu regeln sind.

XL · *Falsche Auffassungen vom Nutzen* · Eine Quelle von Ungerechtigkeiten und Irrtümern sind die falschen Auffassungen vom Nutzen, die die Gesetzgeber sich zu eigen machen. Eine falsche Auffassung vom Nutzen ist diejenige, welche die besonderen Mißstände vor dem allgemeinen Mißstand berücksichtigt, welche den Empfindungen gebietet, statt sie zu verlebendigen, und zur Logik sagt: du sollst dienen. Eine falsche Auffassung vom Nutzen ist diejenige, welche tausend wirkliche Vorteile für einen entweder eingebildeten oder kaum folgenschweren Mißstand aufopfert, den Menschen das Feuer

* Beccarias verhaltene Ironie verhüllt kaum seine wirklichen Ansichten, die klar hervortreten, wenn man das Vorhergehende mit entsprechender Betonung liest.

nehmen will, weil es einen Brand, und das Wasser, weil es eine Überschwemmung verursachen kann, und welche dem Übel nur abhilft, indem sie zerstört. Die Gesetze, die das Waffentragen verbieten, sind von solcher Art; sie entwaffnen nur solche, die zum Verbrechen weder geneigt noch entschlossen sind, während man von denjenigen, welche den Mut haben, die unantastbarsten Gesetze der Menschlichkeit und die bedeutendsten des Gesetzbuches verletzen zu können, nicht weiß, wie sie die geringfügigeren und schier willkürlichen Gesetze achten sollten, deren Übertretung so einfach ist und leicht straflos bleibt und deren genaue Beachtung die persönliche Freiheit hinwegnimmt, die dem Menschen überaus teuer, überaus teuer dem aufgeklärten Gesetzgeber ist, und die den Unschuldigen allen Unzuträglichkeiten aussetzt, welche dem Schuldigen gebühren. Solche Gesetze verschlechtern die Lage der Angegriffenen und verbessern die der Angreifer; sie verringern nicht, sondern vermehren die Mordtaten, weil das Selbstvertrauen beim Angriff auf Unbewaffnete stärker ist als bei dem auf Bewaffnete. Solche Gesetze hießen besser nicht Vorbeugung gegen das Verbrechen, sondern Angst vor ihm; sie entstehen unter dem verworrenen Eindruck einzelner Vorfälle, nicht aus vernünftiger Erwägung der Nachteile und Vorteile einer allgemeinen gesetzlichen Bestimmung.

Eine falsche Auffassung vom Nutzen besteht auch darin, einer Menge mit Empfindung begabter Wesen die Symmetrie und die Ordnung geben zu wollen, welche die rohe und unbeseelte Materie duldet und die naheliegenden Beweggründe übergeht, welche allein nachhaltig und kräftig auf die Menschen einwirken, um den entfernteren Beweggründen Gewicht zu geben, deren Eindruck nur sehr vorübergehend und schwach ist, wenn nicht eine bei den Menschen für gewöhnlich seltene Einbildungskraft durch die Vergrößerung des Gegenstandes seine Ferne ausgleicht. Schließlich ist es eine falsche Auffassung vom Nutzen, daß man, die Sache dem Namen opfernd, das öffentliche Wohl vom Wohl aller einzelnen scheidet. Ein Unterschied zwischen dem Stand der Gesellschaft und dem Naturzustand liegt darin, daß der Mensch in der Wildheit nur soweit einem andern Schaden zufügt, als dies genügt, um sich selbst Gutes zu tun; aber der in Gesellschaft lebende Mensch wird in manchen Fällen durch schlechte Gesetze dazu getrieben, andere zu verletzen, ohne sich selber damit Gutes zu tun. Der gewalttätige Mensch verbreitet Furcht und Niedergeschlagenheit in der Seele der von ihm Unterdrückten, doch die Rückwirkung trifft schmerzlich sein eigenes Herz mit noch größerer Kraft. Je vereinzelter und je mehr auf das Haus beschränkt die Furcht ist, desto ungefährlicher ist sie für denjenigen, der sie zum Werkzeug seines Glückes macht; aber je öffentlicher sie ist und eine je größere Menge Menschen sie beunruhigt, desto leichter geschieht es, daß ein unvorsichtiger, verzweifelter oder waghalsiger Mensch es darauf anlegt, die Menschen seinen Zwecken dienstbar zu machen, indem er in ihnen um so dankbarere und verlockendere Gefühle erregt, als das Wagnis des Unternehmens sich auf eine größere Zahl verteilt und der Wert, den die Unglücklichen ihrem Dasein beimessen, im Verhältnis zu dem Elend abnimmt, das sie erdulden. Dieses ist der Grund, weshalb Beleidigungen deren neue erzeugen, der Haß ein soviel länger anhaltendes Gefühl als die Liebe ist, da er schließlich seine Kraft aus der Fortsetzung der Handlungen zieht, welche die Liebe abschwächt.

XLI · *Wie man den Verbrechen vorbeugt* · Besser ist es, den Verbrechen vorzubeugen als sie zu bestrafen. Dies ist der Hauptzweck jeder guten Gesetzgebung, die in der Kunst besteht, die Menschen zum größtmöglichen Glück oder zum geringstmöglichen Unglück zu führen, um alle Berechnung der Güter und der Leiden des Lebens mit einem einzigen Ausdruck zu bezeichnen. Aber die bis jetzt angewandten Mittel sind meistens falsch und dem erstrebten Ziel zuwider. Es ist unmöglich, die unruhvolle Tätigkeit der Menschen in eine geometrische Ordnung bar der Unregelmäßigkeit und Verwirrung zu bringen. Wie die beständigen und so einfachen Gesetze der Natur nicht verhindern, daß die Planeten in ihrer Bahn sich stören lassen, so können inmitten der unzähligen und entgegengesetzten Anziehungskräfte von Lust und Schmerz Störungen und Unordnungen nicht durch menschliche Gesetze verhindert werden. Dennoch ist gerade dies der Wahn beschränkter Menschen, wenn sie zu befehlen haben. Das Verbot einer Menge indifferenter Handlungen bedeutet keine Vorbeugung gegen Verbrechen, die daraus gar nicht entstehen können; vielmehr bedeutet es, daß man deren neue schafft, bedeutet, daß man Tugend und Laster nach Belieben bestimmt, und sie werden uns doch als ewige und unveränderliche gepredigt. Wohin kämen wir, würde uns alles verboten, was zu einem Verbrechen Anlaß bieten kann? Man müßte dann den Menschen gar des Gebrauchs seiner Sinne berauben. Auf einen Beweggrund, der die Menschen zur Begehung eines wirklichen Verbrechens treibt, kommen deren tausend, die sie zu jenen indifferenten Handlungen treiben, die für schlechte Gesetze Verbrechen heißen; und wenn die Wahrscheinlichkeit der Verbrechen der Zahl der Beweggründe entspricht, so bedeutet die Erweiterung des Kreises der Verbrechen die erhöhte Wahrscheinlichkeit, daß sie begangen werden. Der größte Teil der Gesetze sind nichts als Privilegien, das heißt ein Tribut aller an das Wohlergehen einiger weniger.

Ihr wollt den Verbrechen vorbeugen? Dann sorget dafür, daß die Gesetze klar und einfach sind, die ganze Macht der Nation sich auf ihre Verteidigung konzentriert und kein Teil dieser Macht auf ihre Zerstörung verwendet wird. Sorget dafür, daß die Gesetze weniger die Klassen der Menschen begünstigen als die Menschen schlechthin. Sorget dafür, daß die Menschen die Gesetze, und sie allein, fürchten. Die Furcht vor dem Gesetz ist heilsam, doch verhängnisvoll und trächtig von Verbrechen ist die Furcht von Mensch zu Mensch. Geknechtete Menschen sind genußsüchtiger, ausschweifender, grausamer denn freie Menschen. Diese denken über die Wissenschaften nach, sie denken nach über die Interessen der Nation, sie nehmen die großen Gegenstände wahr und ahmen ihnen nach. Jene dagegen, zufrieden mit der Gegenwart des Tages, suchen im Taumel der Ausschweifung eine Ablenkung von der Nichtigkeit, in der sie sich erblicken; an die Ungewißheit des Ausgangs aller Dinge gewöhnt, wird ihnen der Ausgang ihrer Verbrechen fraglich, und dadurch gewinnt die Leidenschaft, die sie zum Verbrechen bestimmt. Findet sich die Unzuverlässigkeit der Gesetze bei einer Nation, die infolge des Klimas zur Trägheit neigt, so bewahrt sie und steigert noch deren Trägheit und Dummheit. Findet sie sich bei einer genußsüchtigen, doch regsamen Nation, so zersplittert sie ihre Tätigkeit in eine Unzahl kleiner Ränke und Intrigen, welche Mißtrauen in die Herzen aller säen und Verrat und Heuchelei zur Grundlage der Klugheit machen. Findet sie sich bei einer kühnen und starken Nation, so wird die Unzuverlässigkeit der Gesetze am Ende beseitigt, verursacht jedoch zunächst viele Schwankungen von der Freiheit zur Knechtschaft und der Knechtschaft zur Freiheit.

XLII · *Von den Wissenschaften* · Ihr wollt den Verbrechen vorbeugen? Dann sorget dafür, daß die Aufklärung mit der Freiheit Hand in Hand gehe. Die aus dem Wissen erwachsenden Übel stehen im umgekehrten Verhältnis zu seiner Verbreitung und das Gute in geradem Verhältnis zu ihr. Ein kühner Betrüger, der stets ein außergewöhnlicher Mensch ist, gewinnt die Hingabe eines unwissenden, dagegen den Spott eines aufgeklärten Volkes. Kenntnisse erleichtern den Vergleich der Gegenstände, vermehren die Gesichtspunkte, unter denen sie erscheinen, und stellen somit zahlreiche Empfindungen einander gegenüber, die sich wechselseitig beeinflussen, und dies um so leichter, als sich bei den anderen Menschen dieselben Anschauungen und dieselben Widerstände voraussetzen lassen. Angesichts der reichlich in einer Nation verbreiteten Aufklärung schweigt die verleumderische Unwissenheit und zittert die ihrer Vernunftgründe entkleidete Autorität, während die Macht des Gesetzes unerschüttert bleibt; denn es gibt keinen aufgeklärten Menschen, der nicht die öffentlichen, klaren und nützlichen Verträge für die allgemeine Sicherheit lieben würde, indem er den geringen, für ihn unnützen Teil der von ihm aufgeopferten Freiheit mit der Summe aller von den übrigen Menschen aufgeopferten Freiheit vergleicht, die ohne das Gesetz sich gegen ihn verschwören könnten. Wer eine empfindsame Seele hat und einen Blick auf eine Sammlung gut abgefaßter Gesetze wirft, um zu entdekken, daß er nur die verderbliche Freiheit, den anderen zu schaden, verloren hat, wird sich gezwungen sehen, Thron und Herrscher zu lobpreisen.

Es ist nicht wahr, daß die Wissenschaften stets für die Menschheit schädlich gewesen sind, und wenn sie es waren, so war es ein für die Menschen unvermeidbares Übel. Die Vermehrung des Menschengeschlechts auf Erden führte den Krieg herbei, führte zu den ersten noch rohen Künsten, den ersten Gesetzen, die nur für den Augenblick geschlossene Verträge waren, der Not entsprungen und mit ihr dahingehend. Dies war die erste Philosophie der Menschen, deren wenige Elemente gerecht waren, weil ihre Trägheit und ihr Mangel an Verschlagenheit die Menschen vor dem Irrtum bewahrte. Aber die Bedürfnisse nahmen mit der Vermehrung der Menschen ständig zu. Folglich bedurfte es stärkerer und nachhaltigerer Eindrücke, um sie von der wiederholten Rückkehr in den Urzustand der Ungeselligkeit, der immer verderblicher gewesen wäre, zu bewahren. Deshalb erwiesen jene frühen Irrtümer, durch welche die Erde mit falschen Gottheiten bevölkert und ein unsichtbares, unsere Welt lenkendes All erschaffen wurde, der Menschheit viel Gutes (ich meine dies in politischer Hinsicht). Wohltäter der Menschen waren jene, die sie zum Staunen zu bringen wagten und die gefügige Unwissenheit zu den Altären führten. Indem sie ihnen Gegenstände jenseits der Sinne darboten, die ihnen je eher entschwanden, desto näher sie ihnen zu kommen glaubten, die niemals mißachtet, weil nie ganz bekannt wurden, vereinigten und verdichteten sie die auseinanderstrebenden Leidenschaften in einem einzigen Gegenstand, der sie mächtig ergriff. Dies waren die ersten Erlebnisse aller Nationen, die aus wilden Völkern sich bildeten, war die Epoche der Entstehung der großen Gesellschaften, und solcherart war ihr unvermeidliches und vielleicht einziges Band. Ich spreche nicht von jenem durch Gott erwählten Volke, für das die außergewöhnlichsten Wunder und die offensichtlichsten Gnaden die Stelle menschlicher Politik einnahmen. Aber wie es die Eigentümlichkeit des Irrtums ist, ins Unendliche teilbar zu sein, so machte das Wissen, das aus jenem Band entstand, aus den Menschen eine fanatische Menge Verblendeter, die in einem Irrgarten ohne Ausgang so einander sich stoßen und jagen, daß manche empfindsame und philosophische Seelen sogar noch den alten Zustand der Wildheit zurückersehnten. Dies ist die erste Epoche, in welcher das Wissen oder, richtiger gesagt, die Meinungen schädlich sind.

Die zweite Epoche besteht in dem schwierigen und furchtbaren Übergang von den Irrtümern zur Wahrheit, von der Finsternis, deren man sich nicht bewußt ist, zum Lichte. Der gewaltige Zusammenstoß der den wenigen Mächtigen nützlichen Irrtümer mit den für die vielen Schwachen nützlichen Wahrheiten, die zunehmende Enge, in der die Leidenschaften in innere Bewegung geraten, die bei dieser Gelegenheit erwachen, fügen der elenden Menschheit unsägliches Leid zu. Wer über die Geschichte der einzelnen Nationen nachdenkt, die, wenn auch mit gewissen Zeitunterschieden, durchaus miteinander sich vergleichen läßt, wird öfters auf eine ganze Generation treffen, die für das Glück derer aufgeopfert wird, die ihr im schmerzlichen doch notwendigen Übergang von der Finsternis der Unwissenheit zum Lichte der Philosophie, von der Tyrannei zur Freiheit, den Zielen dieser Entwicklung, nachfolgen. Wenn jedoch die Gemüter zur Ruhe gekommen und der Brand, der die Nation von den auf ihr lastenden Übeln gereinigt hat, erloschen ist, und die Wahrheit, die zunächst langsame dann raschere Fortschritte macht, an der Seite des Fürsten thront und sie ihre Verehrung, ihren Altar in den Parlamenten der Republiken hat, wer kann dann noch behaupten, daß das Licht, welches die Menge aufklärt, schädlicher als die Finsternis und daß die Vertrautheit mit den wahren und einfachen Verhältnissen der Dinge für die Menschen verderblich wären?

Wenn die blinde Unwissenheit weniger verderblich ist als das halbe und ungeordnete Wissen, da dieses zu den Übeln der ersteren die des Irrtums hinzufügt, der für denjenigen unvermeidlich ist, dessen beschränkter Gesichtskreis diesseits des Wahren endet, so ist der aufgeklärte Mensch das kostbarste Geschenk, das der Nation und sich selber ein Fürst machen kann, der ihn zum Verwalter und Hüter der unverletzlichen Gesetze bestellt. Nach der Wahrheit sich sehnend und nicht sie fürchtend, frei von den meisten jener vermeintlichen Bedürfnisse, die niemals ausreichende Befriedigung finden und die Tugend des größten Teils der Menschen auf die Probe stellen, gewohnt, die Menschheit unter erhabenen Gesichtspunkten zu betrachten, sieht er die eigene Nation vor sich wie eine Familie brüderlicher Menschen, und der Abstand der Großen vom Volke scheint ihm um so geringer, je größer die Masse der Menschheit ist, die ihm vor Augen steht. Die Philosophen erwerben Bedürfnisse und Interessen, die den gewöhnlichen Menschen nicht bekannt sind, vor allem jenes, im Lichte der Öffentlichkeit die im Verborgenen verkündeten Grundsätze nicht zu verleugnen, und sie eignen sich die Gewohnheit an, die Wahrheit um ihrer selbst willen zu lieben. Eine Auswahl solcher Menschen ist ein Glück für die Nation, freilich nur ein vorübergehendes Glück, wenn nicht durch gute Gesetze ihre Zahl so vermehrt wird, daß die stets große Wahrscheinlichkeit einer schlechten Wahl sich vermindert.

XLIII · *Behörden* · Ein anderes Mittel, den Verbrechen vorzubeugen, besteht darin, das zum Vollzug der Gesetze berufene Kollegium mehr für deren Beachtung als für deren Umgehung zu interessieren. Je größer die Zahl ist, aus der es sich zusammensetzt, desto ungefährlicher ist die Anmaßung gegenüber den Gesetzen, weil Bestechung schwieriger ist bei Mitgliedern, die sich gegenseitig beobachten und um so weniger an der Erweiterung der eigenen Machtbefugnis interessiert sind, je geringer der dem einzelnen zufallende Anteil ist, vor allem wenn man ihn mit der Gefahr des Unternehmens vergleicht. Wenn der Souverän durch Gepränge und Pomp, durch die Strenge der Erlasse, durch die Nichtzulassung von gerechten wie ungerechten Klagen derer, die sich unterdrückt glauben, die Untertanen daran gewöhnt, mehr als die Gesetze die Behörden zu fürchten, so werden diese aus der Furcht mehr Nutzen ziehen, als die private und die öffentliche Sicherheit dadurch gewinnen.

XLIV · *Belohnungen* · Ein weiteres Mittel, den Verbrechen vorzubeugen, besteht in der Belohnung der Tugend. Über dieses Thema schweigen, wie ich feststellen muß, durchweg die Gesetze aller heutigen Nationen sich aus. Wenn durch die Preise, welche die Akademien für die Entdecker nützlicher Wahrheiten aussetzen, die Kenntnisse wie die guten Bücher vermehrt wurden, warum sollen nicht die von der wohltätigen Hand des Fürsten verliehenen Preise ebenso die tugendhaften Handlungen vervielfältigen? Der Lohn der Ehre ist in den Händen des weisen Austeilers stets unerschöpflich und fruchtbringend.

XLV · *Erziehung* · Schließlich ist das sicherste doch schwierigste Mittel zur Vorbeugung gegen das Verbrechen die Vervollkommnung der Erziehung, freilich ein allzu umfassender Gegenstand, der die Grenzen, die ich mir gesetzt habe, überschreitet, ein Gegenstand, auch dieses wage ich zu sagen, der allzu innig die Natur der Regierung betrifft, um nicht bis in die fernsten Zeiten ein immer noch der Arbeit harrendes Feld des allgemeinen Glücks zu sein, nur hier und dort von wenigen Weisen bestellt. Ein großer Mann,* welcher die Menschheit aufklärt, die ihn verfolgt, hat bis ins einzelne gezeigt, welches die wichtigsten Maximen einer für die Menschen wahrhaft nützlichen Erziehung sind; diese hat nämlich weniger in einer unfruchtbaren Menge von Gegenständen zu bestehen als in der Auswahl und Genauigkeit derselben, in der Ersetzung der Nachahmungen durch die

---

* Jean-Jacques Rousseau. Der Émile war am 6. Oktober 1763 in Rom verurteilt worden.

Urbilder sowohl der moralischen als auch der Naturerscheinungen, die zufällig oder als Folge menschlicher Tätigkeit vor dem frischen Gemüt der Jugend auftauchen, alles dies mit dem Ziel, sie auf dem leichten Wege des Gefühls zur Tugend zu ermuntern und auf dem nicht zu verfehlenden Wege der Einsicht in die Notwendigkeit und die unangenehmen Folgen vom Bösen abzulenken, und nicht auf dem unsicheren Wege des Befehls, dem nur ein vorgetäuschter und für den Augenblick geltender Gehorsam entspricht.

XLVI · *Über Begnadigungen* · Mit der Milderung der Strafen werden Milde und Verzeihen weniger notwendig. Glücklich die Nation, in welcher sie verhängnisvoll wären! Die Milde nämlich, jene Tugend, die bisweilen für einen Herrscher die Abrundung aller Pflichten des Thrones gewesen ist, müßte bei einer vollkommenen Gesetzgebung, wo die Strafen milde sind und das Gerichtsverfahren auf geregelte und zügige Weise vor sich geht, ausgeschlossen sein. Diese Wahrheit wird demjenigen hart vorkommen, der in der Unordnung eines Strafsystems lebt, wo das Verzeihen und die Begnadigung im Verhältnis zur Unsinnigkeit der Gesetze und zur Grausamkeit der Verurteilungen notwendig sind. Es ist dies das schönste Vorrecht des Thrones, ist das erwünschteste Kennzeichen des Herrschertums, und es bedeutet die unausgesprochene Mißbilligung, die von den wohltätigen Haushaltern des öffentlichen Glücks einem Gesetzbuch zuteil wird, für das ungeachtet aller Mängel das Vorurteil der Jahrhunderte, der umfangreiche und beeindruckende Zubehör endloser Kommentare, der gewichtige Apparat ewiger Förmlichkeiten und der Beifall der eher einschmeichelnden und furchtgebietenden Halbgelehrten sprechen. Man erwäge indessen, daß die Milde die Tugend des Gesetzgebers als nicht des Vollziehers der Gesetze ist, sie im Gesetzbuch selber leuchten muß, nicht in den einzelnen Urteilen, und daß, wenn man den Menschen in Aussicht stellt, Verbrechen könnten verziehen werden und die Strafe sei nicht ihre notwendige Folge, dies die trügerische Hoffnung auf Straflosigkeit fördert und glauben macht, die nicht rückgängig gemachten Verurteilungen seien eher Gewalttaten der Macht als Ausdruck der Gerechtigkeit, da man ja zu verzeihen imstande sei. Was wird man dann sagen, wenn der Fürst einen einzelnen begnadigt, das heißt ihm die öffentliche Sicherheit schenkt, und so mit einem privaten Akt unaufgeklärten Wohltuns einen öffentlichen Erlaß der Straflosigkeit herausgibt. Unerbittlich also mögen die Gesetze sein, unerbittlich diejenigen, welche sie im einzelnen Falle anwenden, doch milde, verzeihend, menschlich der Gesetzgeber. Als ein kluger Architekt möge er sein Gebäude auf der Grundlage der Selbstliebe errichten und das allgemeine Interesse das Ergebnis der Interessen eines jeden sein: so wird es für ihn nicht den Zwang geben, mit Sondergesetzen und aufsehenerregenden Abhilfen andauernd das öffentliche Wohl vom Wohl der einzelnen zu trennen und das Trugbild der öffentlichen Wohlfahrt auf Furcht und Mißtrauen zu errichten. Als ein tiefer und empfindsamer Philosoph möge er es gewähren lassen, daß die Menschen, daß seine Brüder in Frieden jenes kleinen Anteils des Glücks sich erfreuen, welches das unermeßliche System, das in der Ersten Ursache von allem, was ist, beruht, sie in diesem Winkel des Universums verkosten läßt.

XLVII · *Schluß* · Ich schließe mit der Überlegung, daß das Maß der Strafen dem Zustand der Nation entsprechen muß. Stärker und fühlbarer müssen die Eindrücke auf die verhärteten Seelen eines Volkes sein, das soeben erst den Zustand der Wildheit verlassen hat. Es bedarf des Blitzes, um einen wilden Löwen zu fällen, der dem Flintenschuß widersteht. Sowie jedoch die Seelen im Zustand der Gesellschaft ihre Härte verlieren, nimmt die Empfindsamkeit zu, und damit muß zugleich die Macht der Strafe sich mindern, will man das Verhältnis zwischen dem Gegenstand und seiner Empfindung wahren.

Aus allem, was bisher deutlich wurde, läßt sich ein sehr nützlicher allgemeiner Lehrsatz ableiten, der jedoch mit dem Herkommen, für gewöhnlich der Gesetzgeber der Nationen, kaum übereinstimmt, und zwar: *damit die Strafe nicht die Gewalttat eines oder vieler gegen einen einzelnen Bürger sei, muß sie durchaus öffentlich, rasch, notwendig, die geringstmögliche unter den gegebenen Umständen, den Verbrechen angemessen und vom Gesetze vorgeschrieben sein.*

ANHANG

Daten

1738, 15. März, Geburt Cesare Beccarias in Mailand als Sohn des Marchese Giovanni Saverio Beccaria und der Maria Visconti di Saliceto.

Von 1746 bis 1754 Schüler im von den Jesuiten geleiteten *Collegio dei Nobili* zu Parma.

1758, 13. September, zum Doktor der Rechtswissenschaft von der Universität Pavia promoviert.

1761, 22. Februar, Heirat mit Teresa Blasco, Tochter eines dem spanisch-sizilianischen Adel angehörenden Offiziers, gegen den Willen des Vaters, der ihn aus seinem Hause ausschließt, nachdem er ihn vor der Heirat drei Monate aufgrund eines Haftbefehls im Hause festgehalten hatte.

1762, Mai, Aussöhnung mit dem Vater und Rückkehr ins Elternhaus.

Im Juli 1762 erscheint in Lucca sein erstes Werk *Del disordine e de'rimedi delle monete nello Stato di Milano nel 1762*.

Im März 1763 beginnt er mit der Niederschrift von *Dei delitti e delle pene* im Anschluß an die lebhaften Diskussionen, die im Hause seines Freundes Pietro Verri, der *Accademia dei Pugni*, stattfinden.

Im Januar 1764 beendet Beccaria die Arbeit an seinem Manuskript. Am 12. April wird es dem Drucker übersandt. Im Juli erscheint es anonym in Livorno im Großherzogtum Toscana wegen der dort milderen Zensurbestimmungen.

Im Juni 1764 beginnt die Zeitschrift der Mailänder Aufklärung *Il Caffè* zu erscheinen. Darin werden unter anderem seine Aufsätze *Tentativo analitico su i contrabbandi*, *Frammento sullo stile*, *Frammento sugli odori* und *I piaceri dell'immaginazione* veröffentlicht. Im Juni 1766 stellt die Zeitschrift ihr Erscheinen ein.

Im Frühjahr 1765 erscheint die dritte vermehrte Auflage von *Dei delitti e delle pene*, wiederum in Livorno mit dem fingierten Druckort Lausanne.

1766, 3. Januar, Beccarias Schrift wird auf den Index der verbotenen Bücher gesetzt.

1766, September. Voltaire, *Commentaire sur le livre des délits et des peines par un avocat de province;* die Schrift erscheint ohne Angabe von Ort und Jahr in Genf.

Vom 2. Oktober bis zum 12. Dezember 1766 unternimmt Beccaria, von Alessandro Verri begleitet, die Reise nach Paris zum Besuch der Enzyklopädisten. Unversehens kehrt er allein nach Mailand zurück. Es erreicht ihn die Anfrage Katharinas II., ob er bereit sei, in Petersburg ein seinen Fähigkeiten entsprechendes Amt zu übernehmen.

22. Dezember 1768, Ernennung zum Professor für Staatswissenschaften an den *Scuole Palatine* durch kaiserliches Dekret.

1770 *Ricerche intorno alla natura dello stile*, eine Teiluntersuchung über den Zivilisationsprozeß der Menschheit.

29. April 1771, Ernennung zum Mitglied des *Supremo consiglio d'economia pubblica*. Damit beginnt seine Tätigkeit als Verwaltungsbeamter.

Am 17. März 1774 stirbt, neunundzwanzigjährig, die von ihm überaus geliebte Gattin. Von den zwei Töchtern aus dieser Ehe wird Maria im Alter von einundzwanzig Jahren am 29. Januar 1788 vor dem Vater sterben. Am 4. Juni geht Beccaria die neue Ehe mit Anna Barbò ein.

1778 Ernennung zum Provinzialbeamten für die Münze und zum Mitglied der Delegation für die Reform des Geldwesens.

1782 Heirat der Tochter Giulia mit Pietro Manzoni. 1785, 7. März, Geburt des Enkels Alessandro Manzoni aus dieser Ehe. Am 23. Februar 1792 unterschreibt Giulia Manzoni die Scheidungsakte. Später läßt sie sich mit Carlo Imbonati, der zum Freundeskreis Pietro Verris gehörte, in Paris nieder. Sie befreundet sich mit der Marquise Sophie de Condorcet, der Witwe des 1794 im Gefängnis gestorbenen Philosophen und Politikers der Französischen Revolution, und verkehrt in ihrem Salon, der *Société d'Auteuil*.

Im Jahre 1786 wird Beccaria mit den Josephinischen Reformen Leiter des III. Departements des Kaiserlich-königlichen Regierungsrats, wobei er für Ackerbau, Industrie und Handel zuständig ist.

Am 17. Februar 1791 erfolgt durch Dekret Kaiser Leopolds II. die Ernennung zum Mitglied der Kommission für die Verbesserung des bürgerlichen und Strafsystems. Beccaria wird zu ihrem Berichterstatter gewählt. Vom 16. Juni an gehört er einer Sonderkommission für die Reform des Straf- und Polizei-Systems an. Beide Kommissionen haben je sieben Mitglieder; als einziger gehört Beccaria beiden an.

1794, 28. November, Tod Beccarias im selben Hause, Via Brera 5, wo er geboren wurde und gelebt hat.

Am 13. Frimaire des Jahres V (13. Dezember 1796) veröffentlicht Pietro Verri im *Termometro politico della Lombardia*, der bedeutendsten Zeitung der Transpadanischen Republik, seinen Vorschlag zur Aufstellung einer Büste Beccarias im Stadthaus von Mailand. »Wo ist das Grabmal des unsterblichen Beccaria? Welches Mal der Dankbarkeit habt ihr, o Mailänder, für jenen erhabenen Genius errichtet, der als erster in der allgemeinen Finsternis sich hervorwagte, um auf die große Frage der Sozialwissenschaft hinzuweisen, das größte Glück verteilt auf die größte Zahl? Welchen Akt der Dankbarkeit habt ihr, o Mailänder, jenem großen Manne entrichtet, der euer Vaterland ausgezeichnet hat, dessen Buch *Über Verbrechen und Strafen* sich in alle Sprachen Europas übersetzt findet und bei den erhabensten Werken der Philosophie in allen Bibliotheken der Welt steht? Bei einer solchen Frage müßtet ihr euch schämen, wenn euch nicht die Furcht zur Entschuldigung diente, die ihr vor den euerer Dankbarkeit im Wege stehenden Hindernissen haben mußtet, eben jenen Hindernissen, die es nicht erlaubten, daß auch nur *eine* Ausgabe jenes Buches in Mailand erschien; jenen Hindernissen, deretwegen die öffentlichen Blätter nicht eine einzige Zeile des Lobes aus Anlaß seines Todes zu bringen wagten.« Beccaria war noch unter dem Ancien Régime gestorben. Nach dem Sieg Bonapartes, des Feldherrn der Republik, bei Lodi am 10. Mai 1796 war die Transpadanische Republik errichtet worden, die im Juli 1797 mit der Cispadana zur Cisalpina vereinigt werden sollte. Verri fährt fort: »Heute gibt es kein Hindernis mehr, und es wäre zu tadeln, gleichgültig, stumpf und gefühllos gegenüber dem hervorragenden Verdienst eines eurer Mitbürger zu bleiben, der euch aufgeklärt und geehrt hat und der mit feuriger und leidenschaftlicher Philosophie die Sache der ärmsten und mißhandeltsten Menschen zu vertreten gewagt hat, sie vertreten hat nicht ohne Gefährdung, doch mit glücklichem Erfolg: die Tyrannei erbleichte darüber, die zitternde Menschheit ließ ihre Stimme vernehmen; Mißhandlung und Folter, all das Furchtbare wurde entweder tatsächlich beseitigt oder in den Strafprozessen aller Staaten wenigstens abgemildert; und dies ist das Werk nur eines Buches.« So erinnert sich der Freund, der wie sein Bruder Alexander vor nunmehr fast drei Jahrzehnten anläßlich des befremdenden Verhaltens Beccarias auf der Reise nach Paris mit diesem gebrochen hatte, der großen literarischen Tat.

1804 Postume Veröffentlichung der *Elementi di economia pubblica*, seiner Vorlesungen von 1779 bis 1782 an den *Scuole Palatine.*

Im Jahre 1840 erscheint Manzonis *Storia della Colonna Infame* als Anhang zu einer neuen, illustrierten Ausgabe der *Promessi sposi*. Der Dichter schildert darin im Geiste Beccarias einen Fall ungerechter Rechtsprechung aus dem Mailand des siebzehnten Jahrhunderts.

1865, 13. März. Das Parlament des neuen Königreichs Italien beschließt die Abschaffung der Todesstrafe; fünf Tage später wird dies vom Senat verworfen. Beccarias Name wird zur Losung einer Volksbewegung gegen die Todesstrafe. In den folgenden beiden Jahren bringt ein Komitee das Geld für die Errichtung eines Beccaria-Denkmals auf.

1871, 19. März. Einweihung des Denkmals für Beccaria auf der Piazza Fontana in Mailand. Eine der Inschriften lautet: *Italiani e stranieri eressero augurando che il voto del 13 marzo 1865 della Camera dei Deputati per l'abolizione della pena di morte sia tradotto in legge.*

Dieser Wunsch geht am 29. November 1877 in Erfüllung, an welchem Tage das italienische Abgeordnetenhaus und der Senat die Abschaffung der Todesstrafe beschließen.

Literatur

Eine ausführliche Bibliographie zu Beccaria findet sich in der zweibändigen Ausgabe der *Opere*, besorgt von Sergio Romagnoli, und zwar in Band I auf den Seiten XCIX–CIX. Eine kritische Bibliographie bringt Franco Venturi in Band III der *Illuministi Italiani*, Seite XIX–XXIII.

Von den im Buchhandel erhältlichen Ausgaben seien die folgenden genannt:

Illuministi Italiani, Band III: *Riformatori lombardi, piemontesi e toscani.* A cura di Franco Venturi = Band 46, III von *La letteratura italiana, storia e testi.* Milano-Napoli (Ricardo Ricciardi Editore) 1958. Der Band enthält von Beccaria außer *Dei delitti e delle pene* vor allem noch die in den *Scritti e lettere inediti*, Mailand 1910, erstmals von E. Landry veröffentlichten *Pensieri sopra la barbarie e coltura delle nazioni e su lo stato selvaggio dell'uomo* und die *Pensieri sopra le usanze ed i costumi*. Außerdem sind dort die beiden wichtigen Briefe an D'Alembert vom 24. August 1765 und an Morellet vom 26. Januar 1766 abgedruckt.

Eine vollständige Ausgabe, die auch die nicht allzu zahlreichen erhaltenen Briefe Beccarias bringt, liegt in den *Opere*, besorgt von Sergio Romagnoli, Firenze (Sansoni) 1958, vor.

Unsere Übersetzung folgt dem Text, den Franco Venturi in der Nuova Universale Einaudi, Turin 1965, vorgelegt hat: Cesare Beccaria, *Dei delitti e delle pene. Con una raccolta di lettere e documenti relativi alla nascita dell'opera e alla sua fortuna nell'Europa del Settecento.*

Bedeutend wegen ihrer Einleitung ist die von dem Florentiner Rechtslehrer Piero Calamandrei im Jahre 1945 besorgte, 1950 in zweiter durchgesehener und vermehrter Auflage erschienene Ausgabe. Der Herausgeber war das Haupt der Resistenza in der Toscana; er hat nach dem Kriege die politisch-literarische Monatsschrift *Il Ponte* in Florenz gegründet.

An deutschen Übersetzungen gab es bisher zehn, da man die Leipziger Ausgabe von 1817 nicht mitzählen kann; sie besteht aus dem Druck von 1798 mit einem vorangestellten neuen Titelblatt.

1. Die erste Übersetzung, von Joseph Ignaz Butschek, erschien 1765

in Prag. Esselborn teilt mit, daß er sie vergebens in den Bibliotheken gesucht hat.

2. *Abhandlung von den Verbrechen und Strafen nach der französischen Ausgabe übersetzt mit einigen Zusätzen des Verfassers, die in der italienischen nicht befindlich sind.* Hamburg (Michael Christian Bock) 1766. Der Übersetzer war Albert Wittenberg.

3. *Von den Verbrechen und Strafen. Aus dem Italiänischen mit des Hrn. Verfassers eigenen noch nicht gedruckten Ergänzungen nach der neuesten Auflage ins Deutsche übersetzt und mit vielen Anmerkungen vermehrt.* Ulm (Albrecht Friedrich Bartholomäi) 1767. Die Anmerkungen dieser Ausgabe hat der Ulmer Ratskonsulent Johann David Bartholomaei verfaßt.

4. *Des Herrn Marquis von Beccaria unsterbliches Werk von Verbrechen und Strafen. Auf das Neue selbst aus dem Italiänischen übersezet mit durchgängigen Anmerkungen des Ordinarius zu Leipzig Herren Hofrath Hommels.* Breslau (Johann Friedrich Korn) 1778. Der Übersetzer war Philip Jacob Flade. Karl Ferdinand Hommel war Strafrechtslehrer in Leipzig. Er vertrat mit Nachdruck Beccarias Ideen.

5. *Des Herrn Marquis von Beccaria unsterbliches Werk von Verbrechen und Strafen. Neueste Ausgabe von neuem verbessert und vermehrt nebst dem Commentar des Voltaire, Widerlegungen und andern interessanten Werken verschiedener Verfasser.* Breslau (Johann Friedrich Korn) 1788. Übersetzt nach der Ausgabe Venedig 1781 und auf der Übersetzung von Flade beruhend.

6. *Des Marchese Beccaria's Abhandlung über Verbrechen und Strafen. Von neuem aus dem Italiänischen übersetzt. Mit Anmerkungen von Diderot, mit Noten und Abhandlungen vom Übersetzer, mit den Meinungen der berühmtesten Schriftsteller über die Todesstrafe nebst einer Kritik derselben, und mit einem Anhange über die Nothwendigkeit des Geschwornengerichts und über die Beschaffenheit und die Vortheile desselben in England, Nordamerika und Frankreich. Von J. A. Bergk.* Leipzig (Bei Johann Gottlob Beygang) 1798.

7. Eine Übersetzung von Hermann Gareis erschien in Leipzig 1841. Sie war mir nicht zugänglich.

8. *Caesar Beccaria, Ueber Verbrechen und Strafen. Uebersetzt von Dr. Julius Glaser.* Wien (Tendler & Comp.) 1851.

9. *Beccaria, Über Verbrechen und Strafen, nebst Anmerkungen und einem Anhange: Graf Röderer, Über die Abschaffung der Todesstrafe. Übersetzt und mit Vorwort und Beccarias Biographie versehen von M. Waldeck.* Berlin (Verlag von L. Heimann) 1870.

10. *Über Verbrechen und Strafen von Cesare Beccaria, übersetzt, mit biographischer Einleitung und Anmerkungen versehen von Dr. jur. Karl Esselborn.* Leipzig (Verlag von Wilhelm Engelmann) 1903.

Die Übersetzung von M. Waldeck folgt derselben Einteilung der Kapitel wie die vorliegende, enthält jedoch zahlreiche Mißverständnisse des Textes. Esselborn, der nach der Folioausgabe, Mailand 1812, übersetzt, bringt den Text in der früher fast allgemein üblichen Einteilung Morellets unter geringfügigen Abweichungen. Die hier vorgelegte Übersetzung verdankt Esselborn zahlreiche glückliche Wendungen, ohne damit so glatt sein zu wollen wie dieser.

F. v. Holtzendorff, *Hundert Jahre Krieg gegen die Todesstrafe*, in: Auerbachs Volkskalender für 1865, Berlin (1865).

H. Hetzel, *Die Todesstrafe in ihrer kulturgeschichtlichen Entwicklung*, Berlin 1870.

Scritti e lettere inediti di Beccaria raccolti ed illustrati da Eugenio Landry, Milano 1910.

F. Andreae, *Beiträge zur Geschichte Katharinas II. Die Instruktion vom Jahre 1767 für die Kommission zur Abfassung eines neuen Gesetzbuches*, Berlin 1912.

Carlo Antonio Vianello, *La vita e l'opera di Cesare Beccaria con scritti e documenti inediti*, Milano 1938.

Marcello T. Maestro, *Voltaire and Beccaria as Reformers of Criminal Law.* New York 1942.

F. Venturi, *Beccaria in Russia*, in *Il Ponte*, IX, 2, Firenze Februar 1953.

Die Zeitschrift der Mailänder Aufklärung (1764 bis 1766) liegt im Neudruck vor: *Il Caffè, ossia brevi e vari discorsi distribuiti in fogli periodici*, a cura di Sergio Romagnoli. Milano (Feltrinelli) 1960.

Als Band VIII der Reihe *Letterature e civiltà* wurde von den Edizioni RAI Radiotelevisione Italiana, Turin 1964, herausgegeben: *La cultura illuministica in Italia*, a cura di Mario Fubini. Der Band enthält unter anderem folgende Aufsätze: Franco Venturi, *Illuminismo italiano e illuminismo europeo*; Franco Valsecchi, *Condizioni politiche e sociali dell'Italia nell'età dell'illuminismo*; Mario Fubini, *Pietro Verri e il ›Caffè‹*; Franco Venturi, *Cesare Beccaria e le riforme giuridiche*; Mario Fubini, *Pietro Verri nel carteggio col fratello Alessandro.*

Ein dem deutschen Leser zugänglicher Aufsatz über die Aufnahme der Ideen Beccarias in Polen brachte Nummer 8 des Jahrgangs 1965 der

Monatsschrift *Polen* unter dem Titel *Die Axt an die Wurzel der Ungerechtigkeit legen*, verfaßt von Bogusław Leśnodorski.

In die gegenwärtige Diskussion über die Todesstrafe führt der Band 659 der Fischer-Bücherei ein: *Die Frage der Todesstrafe. Zwölf Antworten.* Frankfurt 1965. Bemerkenswert sind darin die Aufsätze von Eberhard Schmidt, *Die Geschichte der Todesstrafe bis zum Beginn der Aufklärung*; Wolfgang Preiser, *Die Geschichte der Todesstrafe seit der Aufklärung*; und von Paul Bockelmann, *Die rationalen Gründe gegen die Todesstrafe.*

Die Deutsche Kriminologische Gesellschaft hat eine Beccaria-Medaille gestiftet. Hierzu erschien, Hamburg (Kriminalistik-Verlag) 1965, unter dem Titel *Zweihundert Jahre später* eine Jubiläums-Festschrift, herausgegeben von Armand Mergen.

Ein Exemplar der ersten Auflage von 1764 ist von Giulio, dem Sohn Beccarias aus zweiter Ehe, handschriftlich mit den Hinzufügungen und weiteren autographischen Hinterlassenschaften seines Vaters versehen worden. Ein Faksimiledruck dieses Exemplars ist von der Unione Tipografico-Editrice Torinese, Turin 1964, photomechanisch herausgegeben worden.

Von den älteren Ausgaben seien erwähnt: *Traité des délits et des peines par Beccaria, traduit de l'italien par André Morellet. Nouvelle édition corrigée, précédée d'une Correspondance de l'Auteur avec le Traducteur, accompagnée de notes de Diderot et suivie d'une Théorie des lois pénales par Jérémie Bentham, traduite de l'anglais par Saint-Aubin.* À Paris (De l'Imprimerie du Journal d'Économie publique, de Morale et de Politique) An V (1797).

Des délits et des peines, par Beccaria. Traduction nouvelle, avec le Commentaire de Voltaire, la Réponse de Beccaria aux Notes et Observations de Facchinei, les Observations de Hautefort, les Lettres relatives à l'ouvrage, les considérations de M. Roederer sur la peine de mort, les Notes (dont quelques-unes inédites de Diderot), de Morellet, de Brissot de Warville, de Mirabeau, de Servan, de Rizzi, de M. Bérenger, etc. Précédée d'une notice sur Beccaria. Paris (Brière libraire) 1822.

Cesare Cantù, *Beccaria e il diritto penale*, Firenze, (Barbera) 1862; darin der Text von *Dei delitti e delle pene.*

In seiner Bibliographie zum Band III der *Illuministi Italiani* begründet Franco Venturi, warum er den Text der fünften Auflage für seine beiden Editionen gewählt hat. Im März 1766 erschien wiederum in Livorno, doch mit der falschen Ortsangabe Harlem die fünfte Auflage von *Dei delitti e delle pene.* In dieser waren die Veränderungen und Hinzufügungen gekennzeichnet, während der dritten Auflage die entsprechenden Zeichen noch nicht beigegeben waren. Etwa zwei Monate zuvor hatte Beccaria die von André Morellet veranstaltete Ausgabe des *Traité des délits et des peines* erhalten. Morellets Text, im Hinblick auf praktische Reformen in Frankreich in andere Form gebracht, enthält indessen nicht die Veränderungen und Hinzufügungen von Beccarias Hand. Sein Brief an den Verfasser vom 3. Januar 1766 und ebenso die *Préface du Traducteur* nennt dafür die Gründe. Beccaria gab, ganz seinem Charakter entsprechend, in seinem Antwortbrief an Morellet diesem recht. Daß dies nicht seiner Überzeugung entsprach, erhellt bereits daraus, daß er bei seiner Fassung blieb. Er fügte der fünften Auflage die Bemerkung hinzu, daß »der kundige Übersetzer es für richtig gehalten hat, die Ordnung der Abschnitte zu verändern, und der Autor schuldet der Wahrheit und der Gerechtigkeit das freimütige Bekenntnis, daß die französische Ordnung der des Autors vorzuziehen ist, und es tut ihm leid, nicht darauf bedacht gewesen zu sein, sich in dieser Ausgabe damit in Übereinstimmung zu bringen«. Ähnlich äußerte er sich zu Anfang 1766 in seinem Dankbrief an Tscharner de Bellevue für die Medaille, die ihm die Patriotische Gesellschaft in Bern verliehen hatte. Aber darin, so meint Franco Venturi wohl zu Recht, sprach sich eher die Bewunderung und die Ergebenheit für den Verbreiter seines Werkes in Europa aus, das nun in einer Sprache vorlag, die überall verstanden wurde. Der Text der noch im gleichen Jahre erschienenen sechsten und siebten Auflage blieb derselbe, und Beccaria hat keine weiteren Veränderungen mehr vorgenommen. Aus diesem Grunde folgt unsere Übersetzung dem von Franco Venturi veröffentlichten Text letzter Hand. Sie kennzeichnet jedoch nicht die Hinzufügungen Beccarias; denn es bleibt ohnehin unklar, warum der Autor diese mit Zeichen versehen hat. Vielleicht wollte er damit nur kenntlich machen, was seinem berühmtesten Übersetzer, André Morellet, nicht vorgelegen hat; wir wissen es nicht. Die erste Ausgabe von 1764 hatte übrigens noch keine Kapiteleinteilung, die Überschriften waren als Marginalien wiedergegeben. Man sollte also Beccarias Schrift als einen vielschichtigen Text lesen, der die Gedankengänge des Autors in nicht ganz strenger Führung aneinanderreiht. Der Übersetzer war zuweilen versucht, die Abschnitte anders einzuteilen. Man könnte dem Buch, das eine strenge

Einheit des Gedankens bietet, auch die Einheit der Form verleihen. Es scheint jedoch richtiger, Beccarias Text so wiederzugeben, wie er selber ihn der Öffentlichkeit hinterlassen hat.

Während Morellet D'Alembert und Hume auf seiner Seite wußte, sah er sich der bissigen Kritik Melchior Grimms in seiner seit 1753 erscheinenden *Correspondance littéraire* ausgesetzt. Auch der zweite deutsche Übersetzer, Jacob Schultheiß, dessen Ausgabe 1767 in Ulm erschien und Beccarias Text mit den abschwächenden und den rationalen Gehalt des Werks nicht voll erfassenden Anmerkungen J. D. Bartholomaeis wiedergab, protestierte in seiner Vorrede gegen den veränderten Text Morellets. Wichtiger ist freilich die Kritik Diderots, der mit der ihm eigenen Verve dafürhält, daß Morellet Beccarias Schrift »in dem Willen, Protokoll und Methode in ein Stück einzuführen, wo die philosophischen, farbigen, kochenden, stürmischen, übertriebenen Ideen den Autor jeden Augenblick in Begeisterung versetzen, so gut wie getötet hat. Er hat nicht gemerkt, daß es eine natürliche mehr oder weniger rasche Abstufung zwischen den Gefühlen gibt, die im Grunde unseres Herzens aufkommen; daß, wenn man diese Abstufungen zerstört, die Ruhe plötzlich dem Sturme folgt und der Sturm der Ruhe, ohne daß es irgendeine Bewegung gäbe, welche die moralischen Dissonanzen vorbereiten und retten würde; daß die Melodie der Gefühle verschwindet und der Autor verrückt ist, und zwar in einer Art, die ich mit ihm nicht teilen kann, weil ich mich nicht unmerklich dazu hinreißen lasse; es ist das eine falsche Trunkenheit, die mir widerstrebt . . . Man hätte also das Werk des Herrn Beccaria so lassen sollen, wie es war; oder wenn man sich entschloß, es der Methode zu unterwerfen, so hätte man alle Stücke, die Poesie und Begeisterung zeigen, weglassen müssen; sonst hätte man sie nur bringen dürfen, wenn die Stimmung des Lesers darauf vorbereitet worden wäre.«

Inhalt